暮らしに寄りそう庭づくり

新しい
植物図鑑

BROCANTE 松田行弘

The guide
to a better
your garden

朝日新聞出版

はじめに

　植物や庭に携わる仕事をはじめて25年以上になります。

　外では越冬できなかった熱帯性植物も、温暖化の影響で越せるようになり、世界中からさまざまな植物が輸入され続け、はじめた頃と比べるとスタンダードも少しずつ変わってきている気がします。

　使われる植物には流行もあり、近年は常緑性のものが好まれる傾向です。インドアグリーンのように、屋外でも通年にわたって緑を感じられ、落ち葉などの掃除の負担が少ないものが好まれます。

　この傾向に沿うような種類として特に、オージープランツと呼ばれるオーストラリアから入ってきた植物に人気が集まっています。近年生産量も増え安定的に供給されているため、かなり定着してきました。短命なものもありますが、日本の環境でもしっかりと根付いているものも多く、これからますます増えていくはずです。

　一方で植物を愛でるだけではなく、使ったり、活用したいという需要も増えています。ハーブやベリー類は、昔から人気がありますが、

ウメや柑橘類を育て、実を加工してみたいという要望もよく聞くように
なりました。また、切り花やドライフラワーにできるような種類を希
望される方も多く見受けられます。忙しい日常の中でも、生活を楽し
む時間を大切にするために、暮らしの彩りとしての植物のあり方が求
められているのだと思います。

　植物の名前や性質など、インターネットや動画で簡単に調べるこ
とができる便利な世の中になったとはいえ、庭づくりや植物は奥が深
く、昔と変わらず、今もお客さんの家や自宅、事務所で試行錯誤を繰
り返しています。本書には、スタッフとともにこの十数年の庭づくり
を通じて培ってきた情報がまとめられてあり、前述のニーズにも応え
た構成になっています。植物の魅力や庭の楽しさを少しでも感じて
もらい、植物との生活をはじめるきっかけや庭づくりがより身近にな
るツールの一つになれば嬉しいです。

松田行弘

目次

シーンから学ぶ
植物の取り入れ方　**9**

植栽で変わる
ビフォー・
アフター　**45**

Column

植物図鑑 65

常緑種 66

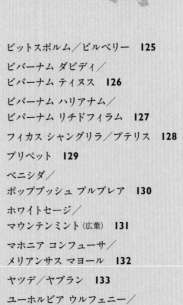

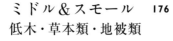

本書の見方

① 植物名
和名や流通名など。カタカナで表記しています。

② 学名
ラテン語で表記された、生物分類における世界共通名称です。

③ 品種名
よく流通している品種を紹介しています。

④ 写真のキャプション
品種の植物名、学名、特徴などを簡潔に紹介しています。

⑤ 本文
1ページ以上のものは、「特徴」と「育て方のポイント」に分けて解説、半ページのものは、特徴と「育て方のポイント」を合わせて解説しています。「特徴」は、その植物特有の形態や性質を中心に、名前の由来なども紹介。「育て方のポイント」は、注意したい病虫害や剪定のコツ、四季を通してのお世話のポイント、また、庭での適応性や他の植物との相性など細かく解説しています。

⑥ 写真
植物単体の姿がわかるもの、花や葉のアップ、植物が植わっている庭の様子などの写真を掲載しています。

⑦ データ

別名
標準の植物名の他によく使われている名前を紹介しています。

科・属名
APG体系（被子植物系統グループ）により分類された属名、科名です。

原産地
原種が発見された場所、最初に生育していた場所です。

草丈・樹高・長さ
草や木の高さ。その植物が育つ場所や条件で異なる場合もあります。

日当たり
日当たり、日陰といっても、建物同士の狭いスペースの日陰と北側の開けているスペースとでは実際の明るさはかなり違います。季節によっても夏は日が差すが、冬はほとんど当たらないという場合もあります。ここでは、一つの目安として、日光が葉にどれだけの時間当たるかという点で3つに分けてあります。

☀…日当たりを好むもの
⛅…半日陰を好むもの、または生育が可能なもの
　　（ここでの半日陰は日照時間が半日～2時間／日）
☁…日陰を好むもの、または生育が可能なもの
　　（日陰は日照時間0～2時間／日）

耐寒性
耐寒性とは氷点下0度以下に耐える能力で、ここでは以下の基準でマークをつけています。同じ敷地内でも場所によって温度は大きく変わります。道路に面したような風が抜ける場所と比べ、建物やフェンスなど構造物に囲まれていて風が抜けないような場所や軒下などは、温度が下がりにくいため、寒さに弱いものを植える場所として考慮するとよいでしょう。特に寒風に弱い柑橘類や熱帯性の植物などは、北風が当たらない場所に。また、気温が3～4度でも、植物を植えている地表面は霜が降り、傷みが出ることもあります。

❄…5～0度前後の最低気温に耐えるもの、または霜よけするなどすれば屋外で越冬可能なもの
❄❄…－5度前後までの屋外で越冬可能なもの
❄❄❄…－10度前後までの屋外で越冬可能なもの

生活
庭やベランダで育てた植物は、その場所で眺めて楽しむのはもちろん、生活の中でいろいろな形で活用できます。切り花やドライフラワーとして飾ったり、花や葉をお茶にしたり、実を食べたり、乾燥させ蒸留し、アロマとして使うこともできます。ここでは、以下の活用がしやすい植物がわかるようにマークをつけてあります。

fresh…切り花や枝として飾りやすいもの
dry…ドライフラワーに向いているもの
eat & drink…実を食べたり、お茶にしたりできるもの

---

① アカシア ② *Acacia* ▶P15.20.25.49.56.90

③ ギンヨウアカシア／スノーウィーリバーワトル／フサアカシア／スペクタビリス／ブルーブッシュ／フロリブンダ／オーブンズワトル／ブリスベーン／パールアカシア／テレサ／デアネイ

科・属名
マメ科 アカシア属
原産地 南半球（熱帯亜熱帯）
樹高 1～10m（品種により異なる）
日当たり ☀
耐寒性 ❄❄
生活 fresh, dry

特徴
世界で約600種ほどあり、熱帯・亜熱帯に分布する小高木や低木。オーストラリアでは、ゴールデンワトル（*A. pycnantha*）という品種が国花にもなっている。日本には明治初期に導入された。根に根粒菌を持つため、やせ地でも生長が早く、剪定や支柱は欠かせない。土壌はあまり選ばないが水はけの良い土を好む。短命と言われており、特に日本では台風による倒木も多く、庭への植栽後15年以上保つのは難しい。本書で紹介しているものは－3～－5度くらいまで生育可能。耐潮性があり、暑さにも強い。

育て方のポイント
翌年の開花に影響するので、剪定は遅くとも7月には行いたい。夏期の強剪定は枯れ込みやすいので注意が必要。風通しや日当たりが悪いと花付きが悪くなったり、カイガラムシ（p204参照）が発生しやすくなる。発見した場合は、手や歯ブラシなどで、こそげ落とすのが簡単で効果的。乾燥にも強く鉢植えでも管理しやすい。鉢の場合は2～3年に1回は掘り上げ、根を1/4程度切り、土を入れ替える。肥料は鉢植えは少量で、地植えはほとんど必要ない。

④ スノーウィーリバーワトル
A. boormanii
樹高2～4m。地際から株状になりやすいため管理しやすく、限られたスペースにはおすすめ。

⑥ フサアカシア
A. dealbata
樹高5～10m。アカシアの中でも特に生長が早い。夜になると葉が閉じる。ミモザアカシアとは、本来フサアカシアを言う。

ギンヨウアカシア
A. baileyana
樹高3～5m。青みがかった灰緑色の葉をつけ、日本でいちばん知られているアカシア。葉先が紫色になるプルプレアや黄葉種もある。

常緑・落葉の区別について

関東南部以西を基準として、近年常緑性を維持できるもの、半常緑性として流通しているものを常緑種に振り分けています。常緑性として分けている場合でも、気温が下がることで葉を落としてしまうものもあります。植物は形態を変えることで、暑さ・寒さ・乾燥などの過酷な環境条件を乗り越えます。落葉はその一つで、寒さから身を守る術として、自ら葉を落とし、外気からの負担を減らします。そのため、熱帯性の植物は常緑性のものが多く、逆に落葉する植物は比較的寒さに強いと考えられます。多年草の一種の宿根草は、冬期に地上部を枯らし休眠します。春暖かくなると芽を出しますが、枯れた地上部が布団代わりに地下の中心部の保温も兼ねていると言われています。

メインツリー、ミドル＆スモール、ツル、シェイプの分け方について

本書では一般的な高木や低木、多年草の分類ではなく、庭や空間を構成する際の目安として、大きさや使い方で分けています。

●メインツリー

1.8mを目安の基準とし、それよりも大きく扱うような種類。庭の中で主になります。高木はもちろん低木でも1本で使いやすいものを選んでいます。メインツリーとして分けているものでもミドル＆スモールとして扱うこともあります。

●ミドル＆スモール

1.8m以下で扱うことが多い種類。庭の中で骨格になるものや植栽帯を彩る低木や多年草が中心で、グランドカバーも含まれます。

●ツル

支持物に絡まり立体的になる種類や、根が出て直接壁などに張りつき広がる、または下垂して広がる種類。

●シェイプ

庭の中で目をひくような存在感のある形を持つ種類。ヤシのようにメインツリーやミドル＆スモールとしても扱うものも含まれます。

シーンから学ぶ
植物の取り入れ方

魅力的に思える空間を注意深く見ると、大小さまざまなものが、バランスよく構成されていることがわかります。庭の場合の要素は、まわりを囲む壁や背景となる建物、通路やテラスの舗装部分、そこに置いてあるイスやテーブル、そして植物です。それら一つ一つが調和していることで、人を惹きつけるシーンになります。ここでは4つのカテゴリーに分け、それぞれの要素を分解して魅力を探ります。

Scene I

植物の
キャラクター

Character of plants

フラワーアレンジや生け花と同様に、
植栽も植物の組み合わせで
見え方が大きく変わります。
魅力的に感じられるものは、
隣り合う植物それぞれが
引き立て合うような関係になっています。
葉や全体の形状、質感、色、
生長具合など、植物のキャラクターを
理解することでイメージする雰囲気にも
近づきます。さまざまなシーンから
植物の組み合わせを見てみましょう。

セイヨウブナ(p168)の生け垣でつくられた
エントランス。青緑葉のユーホルビア(p134)
と尖った葉のアカンサス(p93)が映える

湿地を好む植物たち。葉と胞子嚢が美しいオスマンダ レガリス（p181）や、紫の花を咲かせるカキツバタ。

1 グリーンの組み合わせ

葉物を組み合わせるだけでも、花に負けない魅力的なシーンをつくり出すことが
できます。葉の色や形、質感に注目し、隣り合う植物が似たようなものに
ならないようにすることがポイントです。良い組み合わせは、
それぞれの個性を引き立て合います。

a アメリカサイカチ サンバースト (p165)
b ノリウツギ (p184)
c アーティチョーク
d アリウム ギガンジューム
e アガパンサス (p94)
f イチイ
g ツルマサキ

人工的な造形美と植物本来の造形美の饗宴

アガパンサスガーデン (jardin agapanthe) と呼ばれる、巧みな植栽が素晴らしい、北フランスにある造園家の庭の一角。深い緑の葉を持つ基本種と黄葉種のイチイを刈り込むことで、人工的につくり出した造形美と、アーティチョークやアリウム ギガンジュームなど植物本来の造形美を組み合わせた美しい植栽です。個々の植物を際立たせるため、テクスチャーや色合い、形が似通わないように配置され、花色は白と紫になるよう統一されています。また、イチイや斑入りのツルマサキなど、半分以上が常緑性なので、冬期でもしっかりした庭を形づくるように構成されています。

植栽の主役を決める

クロバナロウバイの花やセイヨウバイカウツギの黄葉も魅力ですが、植栽帯の主役になっているのは、やはりイトススキの斑入り種（ススキ モーニングライト）です。細い葉に縦に斑が入るため、全体がシルバー色に見え、穂が揺れる秋も、美しく存在感を放ちます。もう少し狭い植栽帯なら、カレックス（p152）も同じような形状でポイントになるのでおすすめです。

a クロバナロウバイ
　　ハートリッジワイン
b バラ（p193）
c セイヨウバイカウツギ
　　（p184）
d ススキ モーニングライト
e アジサイ（p177）

サンクンガーデンは動きのある植栽で

通路に向かって傾斜しているサンクンガーデン（地表より掘り下げた庭）には、空間を囲むように大小さまざまな特徴のある植物が植えられています。背景をタイサンボクや針葉樹などの常緑樹で構成し、ユッカ ロストラータやカミヤツデ、グンネラなど、動きとインパクトのある植物を点在させ、独特の世界観をつくっています。群植されたオスマンダの胞子嚢やアカンサスの花が上がってくると、さらに見ごたえが出てきます。

a ユッカ ロストラータ（p158）
b オスマンダ レガリス（p181）
c アカンサス モリス（p93）
d カミヤツデ
e タイサンボク（p79）
f グンネラ

3層で
立体的な植栽に

南向きのL字型の植栽帯。植栽は
3層で構成されており、近隣から
の目隠しになっている上層のサク
ラやシマトネリコ(p77)、中層は株
立ちのアオハダを中心に常緑性
の斑入りのヒメユズリハやヤツ
デなどが立体的に構成されてい
ます。下層は花も楽しめる低木や
宿根草に。全体として冬期の見
栄えも考慮し、常緑性のものが半
分くらいを占めています。

a アジサイ アナベル(p177)
b ロニセラ(p139)
c ギボウシ(p180)
d ニューサイラン(p155)
e アベリア シネンシス(p179)
f ヤツデ(p133)
g ヒメユズリハ
h アオハダ

半日陰の小道を
明るく見せる植物たち

黒いレンガの小道を彩る低木や
多年草類。南側に高木があるた
めに半日陰の状態が続くエリア
ですが、斑入りのディアネラやシ
ルバープリペットなどが全体を
明るくしています。また、ナンテ
ン フルートやユーパトリウム チ
ョコレートなどの銅葉とギボウ
シ ハルシオンの灰緑色がシック
な印象を生み出しています。

a ディアネラ(p118)
b ユーパトリウム チョコレート
  (p187)
c ナンテン フルート(p122)
d ギボウシ ハルシオン(p180)
e シルバープリペット(p129)
f ユキヤナギ(p187)

2 個性的な組み合わせ

動きのあるウンナンシュロチクと黄色い花をつける丸い葉のツワブキ（p117）。

造形が美しく、目をひくような植物は、アーキテクチュラルプランツなどとも呼ばれ、その個性的な姿は1株でも、シーンの表情を変えてしまいます。このような植物は、オブジェのようにエリアごとに配置すると効果的です。

個性的な植物でリゾート感を演出

冬の景色とは思えないリゾート感あふれる海沿いの民泊施設の庭。コンクリートで舗装された通路で分けられた植栽エリアごとに、個性的な植物が配植されています。ひときわ目をひく高さのあるビロウヤシとエントランスのアガベ アメリカーナ、奥のコルジリネ オーストラリスの株元にはグミ ギルトエッジやロマンドラ ロンギフォリアなどが植えられ、全体のバランスを形づくっています。

a ビロウヤシ（p156）
b アガベ アメリカーナ（p148）
c コルジリネ オーストラリス（p151）
d ロマンドラ ロンギフォリア（p157）
e グレビレア（p104）
f ディエテス（p119）
g グミ ギルトエッジ
h コルジリネ ピンクシャンパン（p151）
i アカシア テレサ（p69）

3 花との組み合わせ

植物を育てるうえで、開花はいちばん大きな喜びの一つです。
グリーンを背景に、色鮮やかな花が咲き誇る景色には目を奪われます。
花期が重なる植物なら、花色の組み合わせも意識して植えると、ワンランク上の庭が楽しめます。

花をより美しく見せるコツは緑との調和

花色の組み合わせのポイントは、色幅と量の関係性です。赤、黄、青など色幅が広くても、全体の緑のボリュームが多いときは緑に吸収されてしまうので問題ないですが、スペースが狭く、緑が少ない場合は色幅を絞ったほうがまとまります。3原色の赤〜青、青〜黄、黄〜赤の2色の間の花色で構成するのがポイントです。斑入りや黄・銅葉の葉色も考慮するとなお良いシーンをつくることができます。

a ガクアジサイ（p177）
b セイヨウアジサイ（p177）
c セイヨウボダイジュ
d ヒマラヤ タマアジサイ
e バラ グラウカ（p193）
f コバンソウ
g カンパニュラ

4 這わせて緑を広げる

狭いスペースをもっとも有効に活用できるのがツル性植物です。
壁やフェンスなどの構造物や支持物に誘引すれば、わずか20cm四方の土の
部分から、数mのエリアを立体的に覆うことができます。

立地や条件に合わせて
落葉性と常緑性を
上手に使い分ける

ツル性植物を上手に扱うポイント
は、広さや条件に合わせた品種選
びです。例えばテラスを覆うパー
ゴラに使う場合、夏は緑陰をつくり
涼しさを、冬は日差しを通し暖かさ
を提供するために落葉性の植物が
向いています。隣地との目隠しにフェ
ンスなどに絡めるのであれば、常
緑性の植物を選択するなどです。
また、日向だと手を焼いてしまうほ
ど生育旺盛なハゴロモジャスミン
も、日陰で利用することで生育が
抑えられ良い状態を維持できるな
ど、立地に合わせた植物の選択を
心掛けることでストレスなく楽しむ
ことができます。

a ツルハナナス (p145)
b トケイソウ (p191)
c スタージャスミン (p144)

マンションの専用庭。高さのある壁を背に造作プランターに
植えられたロマンドラ（p157）やニューサイラン（p155）が印象的。

コンテナ＆
プランター植物

Potted plants

昨今の住宅事情を考えると、

庭を所有することもなかなか難しいですが、

住まいのまわりには、意外に使われていない余白部分が必ずあるはずです。

鉢に植えられた植物であれば、土がない場所でも手軽に楽しめます。

一鉢でも植物を置くと、空間全体に彩りが加わって、

緑を感じられるスペースに変わり、レイアウト変更なども自由にできます。

住宅のエントランスやテラス、ベランダから商業施設など、

さまざまなシーンから植物のセレクトや組み合わせを見てみましょう。

パリ市内のホテルのエ
ントランス。大きな木製
の鉢に植えられたオリー
ブ（p72）やビワ（p80）、マ
ツなどの常緑樹が並ぶ。

Scene II
コンテナ &
プランター植物
Potted plants

1 屋上やベランダを グリーンで美しく

庭がなくても鉢植えや専用の緑化システムを利用すれば、ベランダや屋上なども
癒される緑の空間に変えることができます。地上部よりも日照条件や
風通しの良い環境がほとんどなので、ポイントを押さえればむしろ好立地と言えます。

a アカシア スペクタビリス (p69)
b ローリエ アングスティフォリア (p138)
c カレックス エヴァリロ (p152)
d ブドウ (p192)
e マウンテンミント (p131)

ハードウッドのプランターで落ち着きのある空間に

ダイニングキッチンに面したバルコニー。しっかりしたフェンスがあることで、部屋のような空間が
広がります。モミジやアカシアなどの大きな樹種を植えるために、コーナーにハードウッドで表面を
仕上げた樹脂製の大きなプランターを設置し、中には軽量土壌を使うことで、建物の耐荷重の問題
もクリアしています。上部にはスチール製のパーゴラを取り入れ、ツル性植物を這わせることで、緑
のボリューム感を増やしています。センターの四角いプランターには、ローリエを中心に、キッチン
ですぐに使えるハーブ類などを植えています。

大きなプランターにたっぷりの緑
屋上を緑化しよう

ウッドデッキを敷き詰めた屋上のスペース。デッキ材と同じハードウッドでつくられた木枠に軽量土壌を入れ、大きなプランターにしています。ヤシやストレリチアなど南国をイメージさせる植物を選び、リゾート感のある植栽構成に。水やりが大変な屋上でも、蛇口に簡単な自動灌水装置を取りつけることで、快適なガーデンライフが楽しめます。

a ユッカ グロリオサ (p158)
b ストレリチア (p110)
c グレビレア ジョンエバンス (p104)
d ビロウヤシ (p156)
e ユーホルビア ウルフェニー (p134)

屋上には移動しやすいプランターで管理しやすい工夫を

都心の戸建て住宅の屋上。溶融亜鉛メッキ仕上げの箱状のスチールメッシュと不織布を利用した特製プランターに、グミの仲間やバンクシアを植えています。屋上やベランダでの留意点として、重さや水やりとともに、防水層のメンテナンスがあげられます。定期的に行う必要があるため、頻度が高い立地の場合は移動しやすい、このようなプランターが向いています。

a シマグミ (p74)
b バンクシア (p81)
c ディアネラ (p118)
d グレビレア エンドリチェリアナ (p104)
e カレックス キウイ (p152)

狭いスペースでも
鉢一つで緑豊かに

白い壁で囲まれた地下のドライエリア。高さのあるオーガスタや葉の大きなタニワタリなどの熱帯性種とオニヤブソテツを大きなプランターに寄せ植えしています。どれも非常に耐陰性が強く、風通しのあまり良くないスペースでもしっかり生長しています。前者2種はやや寒さには弱いですが、都心のこのような風が抜けない立地なら外でも冬越しが可能です。

おしゃれなプランターで
センスアップ

ウッドデッキに、グレーで統一されたプランターへの植栽。抜け感がありつつも、向かいのマンションからの目隠し用のため、全て常緑樹で構成されています。重い印象にならないように、細かい葉のオーストラリア産系の植物で構成しています。

a レモンティーツリー（p87）
b シナモンマートル（p108）
c カリステモン（p73）
d グレビレア
　　ジョンエバンス（p104）
e クリーピングタイム
　　（p113）

奥行きのないデッキでも
植栽が可能

2階リビングに面した場所に、鉄骨を躯体にしたウッドデッキと同じ素材を使ったルーバーフェンスを設け、プランターやライトを設置しています。奥行き1.2mですが部屋が広がり、グリーンも置けるスペースに。

a レモンティーツリー（p87）
b スタージャスミン（p144）
c イベリス
　　センペルビレンス（p97）
d ロータス
　　ブリムストーン（p138）
e ミントブッシュ

2 鉢の組み合わせ方

同じプランターを使ってシンプルにすっきり見せる場合もありますが、
大小さまざまな鉢植えを組み合わせることで、
スペース全体を楽しい雰囲気に演出することもできます。
鉢のテイストが違っても、植物が多いと自然とまとまります。

a オリーブ（p72）
b カリステモン（p73）
c アジサイ（p177）
d タマシダ（p115）
e ビバーナム ティヌス（p126）
f アステリア（p94）
g マホニア コンフューサ（p132）
h ナンテン レモンライム（p122）
i ソテツ

鉢選びとディスプレーを楽しむ

大きな地植えのソテツが印象的な中庭。舗装されたスペースの一角にテーブルを置き、小さい鉢のディスプレーコーナーにしています。地植えに向かない多肉植物や花物なども楽しめ、目線の位置になるので鉢のデザインもポイントになります。ブリキやグレーの陶器の鉢植えが多いので、鉢が主張せず、背景になっているハードウッド製のルーバーフェンスの経年具合ともマッチし、住む人のセンスが伝わってくる庭です。

Scene II
コンテナ&
プランター植物
Potted plants

3 条件や用途に合わせて

さまざまなシーンでその役割が変わるプランターや
フレームコンテナ。アプローチの彩り、テラスや庭などで
立体的に見せるツールとして、またシンボリックな鉢植えや
菜園としても活躍します。

シンメトリーの門柱の上に置かれ
たツゲのトピアリーでエントラン
スを彩る。

a ビバーナム バークウッディ
b ロニセラ ニティダ (p139)
c ロータス ブリムストーン (p138)
d タマシダ (p115)
e ヤツデ (p133)

オフィスとして使われてい
るマンションの中庭。大型プ
ランターには常緑植物を配
し、土部分を玉石で覆い清
潔感と植物との対比を演出。

すっきりまとめたいときは、角状プランターを

角状のプランターやフレームを使うと立体的になるのはもちろん、直線的なラ
インが入ることで、植物だけで構成するよりもすっきりとした印象を与えます。
また、グレーや黒などのダークトーンにすることで、雑然とした印象も抑え、ナ
チュラルすぎない都会的な演出に。写真のような棚を併用することも、すっき
り見えるポイントになっています。

プランター植栽の育て方のポイント

プランターでの植栽は、定期的な施肥や植え替えを行う必要があります。鉢植えでの土壌の養分は半年もすると流れ出てしまうため、肥料分をあまり必要としない植物を選ぶか、年に2回くらいは肥料分を補いましょう。また、花や実がつくものは、根が詰まってくると良い結果が得られないので、数年に一度は鉢から掘り上げ、根をカットし、植え直す作業が必要です。

1 シマトネリコ(p77)とユッカ ロストラータ(p158)のウッドプランターへの植え込み。 **2** 菜園や花壇は樹脂や木材でフレームをつくることで、土壌の水はけが良くなり、メンテナンスもしやすくなる。 **3** 直径40cmほどのアカシア プリスベーン(p69)の鉢植え。 **4** 屋上に樹脂材でフレームをつくり、菜園スペースに。 **5** 花壇には大きなオリーブ(p72)やウエストリンギア(p98)も植えられる。

コンクリートの壁で囲われた中庭。花壇は高木のメラレウカ（p83）や株元のウエストリンギア（p98）などで彩られている。

植物と構造物

Plants with Structure

庭というと植物を中心に
考えがちですが、実際には構造物が
主体になる空間も多く、植物との
バランスが重要です。特にちょっとした
彩りとして取り入れる場合や、
メンテナンスを極力抑えたい場合の
植栽は、できるだけ効果的に
行わなければなりません。
条件のある限られたスペースでの
植物選びや、植物のボリュームを
抑えつつも、上手に取り入れる
ポイントを紹介していきます。

フェンスで囲われた部屋のような空間。ウッドデッキをくり抜いた部分に植えられたブドウ（p192）やフェイジョア（p82）が壁を彩る。

1 家族でくつろぐスペースに

食事をしたり、本を読んだりと、植物を感じながら過ごせるウッドデッキやテラス。
日除けになるようなパーゴラを併用したり、壁やフェンスで囲って
プライベートをしっかり確保したりすれば、第2のリビングにもなります。

a メラレウカ
  ブラックティーツリー (p83)
b アーモンド
c ジューンベリー (p166)
d ミリカ
e ナンテン レモンライム (p122)

デッキは部屋の延長

まだ小さい2人の子どもたちがいる住宅の庭。全体をフェンスで囲い、掃き出し窓に面した部分には広いウッドデッキとパーゴラをつくり、子どもたちが回遊できるように3か所にステップを設けています。かけまわれる芝生や、デッキの上にあるベンチの背には黒板を設置、また将来的には菜園や花壇にもできような砂場も設けています。家族が庭で過ごす時間が増えるようなを工夫を、随所に取り入れています。

1 パーゴラにブドウを絡ませる

ガーデンシェッドに面した広いウッドデッキの上には、スチール製のパーゴラを設け、ブドウ（p192）の巨峰を這わせています。収穫もできる緑陰を生み出し、都内とは思えない空間が広がります。

2 マンション7階のベランダ

室内からの動線に高い段差があるため、ステップとともに全面にウッドデッキを設けています。富士山を眺められるスペースにはベンチもつくり、隣りのマンションへの目隠しとしてのフェンスも併せて設置。プランターにはオリーブ（p72）やレモンユーカリを植えています。

3 リビングの延長

元々は芝生の庭で、まわりにあった生け垣は育ちも悪く、外から丸見えの状態でした。そこで境界沿いにコンクリートの壁をつくり、床はリビングと同じタイルを全面に敷き詰めました。パーゴラ、ベンチ、流し台、ライトも設置し、花壇には庭に元々あったシマトネリコ（p77）を移植しています。

4 プールのあるデッキ

海を望む傾斜地に立地する庭。プールを中心に飛び込み台や広いウッドデッキを設け、近隣からの目隠しとして既存樹のヤマモモを用い、耐潮性のあるキョウチクトウ（P101）やコルジリネ オーストラリス（p151）を並べて植えています。

2 庭と家をつなぐアプローチ

草花や木々で彩られた玄関までのアプローチや、深い緑で
覆われた庭へのエントランスは、来る人をもてなすような何かを
期待させます。特に建物を背にした動線の場合は、
建物全体の印象をも左右する重要なスペースになります。

アプローチをより楽しく

道路に面した開放的なスペースは、目地に植物を植えた乱形の石材で舗装されています。自転車を置いたり、車が乗り上げられるようなスペースを確保しつつ、庭としての見え方になるようなつくりになっています。ステップを上がったフェンスと同じデザインの扉の向こうにはウッドデッキが広がり、プライベートな空間に。フェンスの並びには小窓を設けた物置を設置し、ウッドデッキから出入りできる収納スペースになっています。道路から見たときの圧迫感を抑えるために、フェンスには常緑性のハーデンベルギアを這わせ、シンボル的に植えられたニセアカシア フリーシアの爽やかな緑が、デッキへのエントランスを彩ります。道行く人も楽しませるような、住む人の人柄が伝わる庭になっています。

a ニセアカシア　フリーシア (p168)
b ハーデンベルギア (p145)
c ローリエ (p138)
d カレックス　テスタセア (p152)
e ブラックベリー (p196)

1 黒いスチールのゲートでモダンに

黒いピンコロ御影石で舗装された駐車場からエントランスへと続く、スチールの大きなゲートが印象的なアプローチ。手前には大きなシマトネリコ(p77)やオリーブ(p72)、株元にはアスパラガス(p95)やアガパンサス(p94)などの常緑種で構成されています。

2 一体型の門扉まわり

ハードウッド製の格子とアーチ、ゲートが一体となったエントランス。芝生を目地にしたレンガ舗装が柔らかく温かい雰囲気をつくっています。格子にはブドウ(p192)が絡まり、将来的にはアーチにブドウが実るように仕立てていきます。

3 レンガの目地の緑が
美しいアプローチ

グレーのレンガの目地には、ダイコンドラ(p113)の種を播き、やや暗くなる玄関までのアプローチを彩ります。オープンながらもシンプルなアーチがゲート代わりになり、両脇に植えられたローリエ(p138)とジューンベリー(p166)が大きくなると、より一層雰囲気が出てきます。

植物と
ガーデンアイテム

Plants with garden items

植物とともに庭の魅力を高めてくれる
ガーデンアイテム。魅力的なシーンには必ずと
言って良いほど登場します。家具や物置、
オブジェなどは、本来の用途とともに、
植物と組み合わせることで、空間全体の雰囲気を
変えてしまうほど重要です。
人の動きを連想させたり、コーナーでの
ポイントになるなど、空間演出には欠かせません。
アイテムの植物との合わせ方やレイアウトなどを
見てみましょう。

樹齢を感じさせる太くなったハニーサ
ックル（p192）に、星形の連結ライトや
ミラーなどを合わせた楽しい演出。

庭の中心に設けられたガーデンシェッド。手前の銅葉のニューサイラン プルプレウム(p155)が存在感を示しています。

1 夢がふくらむ ガーデンシェッド

庭に配置するアイテムの中でも、もっとも大きな存在感を放つのがガーデンシェッド。
収納はもちろん、大きなものなら「離れ」のような扱いもでき、
庭の雰囲気を左右する重要な要素になります。

a シマトネリコ(p77)
b ビルベリー(p125)
c ユキヤナギ(p187)
d ブドウ キャンベル(p192)
e ローズマリー(p137)

庭の表情を豊かにするおしゃれなガーデンシェッド

母屋から、ラフに石材を敷いたアプローチでつながるシンプルなガーデンシェッド。芝生が広がる庭の奥に、ワンシーンをつくるようにレイアウトしています。外壁と屋根にはレッドシダー材が使われ、アンティークの観音開きの窓を2面に取りつけてあります。収納が目的の小屋ですが、壁や屋根には断熱材を入れ、床にもフローリングを張っているので、将来的には別の用途にも利用できるようになっています。外周に植えられたサクラやシマトネリコが大きくなり、緑のボリュームが増すと、より落ち着いた印象になっていきます。

仕事スペースとしても大活躍

ウッドデッキにつながるスペースに、年間通して過ごせる空間として設置したガーデンシェッド。夏のいちばんの問題になる蚊の対策として、開口部はガラスを入れず全て網戸だけにしています。中には家具や流しなども置かれ、風をそのまま感じることができる半外の空間として、燻製づくりなども気がねなく行える場所になっています。

a カキ
b フェイジョア（p82）
c クリスマスローズ（p102）
d エゴポディウム　バリエガタ（p179）
e スタージャスミン（p144）

おしゃれなデザインがより庭を美しく見せる

ブリキ板の切妻屋根と外周に設けたフェンスの色に合わせた、ブルーグレーの扉がポイントになったガーデンシェッド。壁面にはイワガラミが絡み、レンガの通路の正面に配置されていることで、フォーカルポイントとしても機能しています。扉の脇にはホース用に真鍮の蛇口を設置し、アクセントにしています。通路脇の高木は互い違いにレイアウトし、奥行き感を強調。

a メラレウカ　ブラックティーツリー（p83）
b ジューンベリー（p166）
c セアノサス　ベルサイユ（p182）
d ウエストリンギア（p98）
e イワガラミ　ムーンライト（p191）

子どもたちの遊び場にも

庭のコーナーに設置した大きさ1.5坪ほどのモルタル仕上げのガーデンシェッド。室内は漆喰で仕上げ、子どもたちが遊べる空間になっています。リビングの窓から良く見える位置にあるため、外壁にクレマチスなどのツル性植物を絡ませ、植物を立体的に楽しむ支持物として、また以前からあった大きなオリーブとともに、庭でのオブジェ的な役割も担っています。

a バラ（p193）
b アジサイ　アナベル（p177）
c ヒメウツギ（p185）
d ブルーベリー（p186）
e ティアレラ（p117）

2 くつろぎのアイテム

イスやテーブルなどのガーデンファニチャーは、実用的な点はもちろん、日本庭園の灯籠や
手水鉢のような添景物としての役割や、人の動きを連想させるシーンづくりにも
一役買っています。大小かかわらず、庭の中でのさまざまな場面で活躍するアイテムです。

庭仕事の疲れを癒してくれるチェアにもこだわる

アンティークのアイテムを多く取り入れる庭としても有名な、アガパン
サスガーデン（p12）の一角に置かれたサンベッドやロッキングチェア。造
形的なトピアリーや鉢植えとともに、それぞれのコーナーのワンシーン

を構成しています（写真上）。円形のスペースに合わせたR型の長いベンチ
のデザインが、庭全体をエレガントな雰囲気に導いています（写真下）。

1 庭の植物たちになじむ
アイテムを選ぶ

北フランスにあるアンジェリックの庭(les Jar din d'Angélique)の大木の木陰に置かれたロマンティックなデザインのイス。テーブルの上に置かれた冬期の保温用のクロシェや奥の植え込みの中にあるエンジェルがついたカップなども世界観をつくっています。

2 庭のアイテムは耐久性が大事

方形の平板石を敷き詰めたテラスに置かれたチーク材のイスとテーブル。耐久性が高く、経年変化で銀白色になり、雨ざらしでも十数年は持つ、庭では定番のガーデンファニチャーです。

3 メインツリーに
こんなベンチがほしい

カエデの大木を囲むようにつくられたヘキサゴンベンチ。フランスには樹木園が多くあり、その一つのパリ近郊にあるグランドブルイエ樹木園(Arboretum des Grandes Bruyères)でのワンシーン。

4 ホッと一息、
楽しいおしゃべりタイムに

芝生の上にラフに置かれた古いガーデンチェアとラタンのイス。都会の小さなスペースでも、住む人が庭を楽しんでいる様子が感じられます。

5 夢見ごごちのかわいベンチ

リンゴの大木の木陰に置かれたツーシーターベンチ。羽の庭 (le Jardin Plume) と呼ばれる、ススキやグラス類を多用した素晴らしい庭園の一角。隣接した牧草地も借景に。

3 小道具を選ぶ楽しみ

庭での作業に欠かせないジョウロやスコップ、夜の演出に欠かせないライトや
冬期に鳥たちを呼び寄せるバードフィーダーなど。インテリアと同じように、
小物のスタイリングも上手になると庭のおもしろさがアップします。

小さな道具たちにこそこだわりたい

道具類もあえて見せることで、魅力あるシーンを生み出すことができます。フェンス
にフックを取りつけて道具を吊るしたり、棚や台などを利用してのディスプレーも良
いでしょう。用途や素材感、形状や色など、どれか一つでも統一されたものを複数並
べると、まとまった印象になります。また、ホースやジョウロなどは、楽しさやシック
さなど、方向性を合わせたセレクトがポイントです。

1 フランスではガーデンア
イテムの定番、ワインボトル
立てを鉢置きに。 **2** シマト
ネリコと(p77)ベランダを結
ぶ連結ライト。 **3** 人造石の
バードバスと木に吊るしたバー
ドフィーダー。

ひと手間かけて
グリーンライフを
楽しみたい

工夫する楽しみ

1 シンクと作業台

屋外用の素材選びは、耐久性も重要なポイントになります。グレーのレンガを積み上げ、枠にコンクリートを流し込んでつくった堅牢なシンクと作業台。通路の舗装材も同じコンクリート平板を使用することで、コーナーに一体感が生まれます。

2 間仕切り壁の魔法

洗濯物を干すエリアとリビングからつながる庭部分を間仕切り壁で分けています。物置と一体になった壁は、スタージャスミン(p144)が絡み、抜け感のあるスチールゲートを取りつけることで、一つの大きな見せ場になっています。

3 簡易でもおしゃれな
　自転車置き場

パーキング兼駐輪スペースとして砕石で舗装されたエリア。ヒメイワダレソウや芝生などが雑然と広がることで、庭との境界を消し、つながりを持たせています。文化巻きと呼ばれる巻き上げテントは、自転車の雨除けにも。

4 モダンな鉛板の
　コンテナ

モダンな鉛板を張ったコンテナに植えたアメリカツゲのトピアリー。ツゲも刈り込みの仕方次第で素晴らしい造形物になります。古いドーム状のコンサバトリーの対比も美しい。

5 コンクリートの
　花壇と壁

植栽が引き立つように、ハードウッドで背景になる高い壁をつくり、背の高いユッカ エレファンティペス(p158)とアガベ デスメッティアナ(p148)、サボテンの金鯱を植えました。強いフォルムの植物で、コンクリートの花壇や壁との対比を演出しています。

食べる

庭やベランダで育てた植物が、花を咲かせるだけでもとても
嬉しいものですが、実をつけ、それを収穫して食べることもできれば、
喜びもひとしおです。ここでは、柑橘類の中でも
もっとも丈夫で育てやすいユズ(p86)の活用法を紹介します。

ユズコショウ

ユズは、その香りの良さから主に香りづけ
に多く用いられますが、地植えでたくさん
実ると使い道に困る場合も。青ユズの間
に摘果をしてユズコショウにすると、保存
性も高く、冷蔵庫で半年〜1年は保存でき
ます。つくりたてのフレッシュなおいしさ
はもちろん、時間が経つと味がまろやかに
なり深みが出るので、味の食べ比べも楽し
むことができます。7〜9月のまだ青いうち
に収穫し、青唐辛子と塩をミキサーにか
けるだけなので、ぜひ試してみてください。

青ユズ

黄ユズ

材料は、青ユズを10個くらい（80～100g）、青唐辛子をユ
ズと同量（80～100g）、天然塩（30～40g。ユズと青唐辛子を合わせ
た量の2割が目安）で、1カップほどの保存瓶2個分くらいに
なります。ユズの代わりにカボスやスダチ、レモンなどで
もできます。

↓

ユズと青唐辛子を水洗いし、水気をしっかりとった後、ユ
ズは皮の青い部分を薄くむきます。青唐辛子は縦半分に
切って中の種を出します。青唐辛子を素手で扱うと手が
ヒリヒリするので、手袋をして部屋の換気を良くして行い
ましょう。

↓

皮をむいて残った実は、カットして塩レモンのように塩漬
けにしても良いですし、搾った果汁をユズ蜂蜜やお酒、ソー
ダで割るなどの飲み物用としても使えます。果汁は小
分けにして冷凍保存もできます。

ユズの皮と唐辛子を先に入れ、最後に塩を入れてミキサ
ーで攪拌します。包丁でみじん切りにして、すり鉢で混ぜ
てもできます。

↓

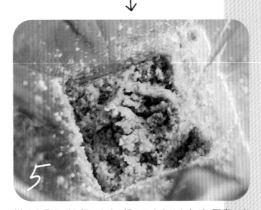

様子を見ながら行います。好みにもよりますが、写真のよ
うに多少粗いくらいのほうがフレッシュ感が残り、自家製
ならではの感じになります。

↓

水を入れた鍋に保存瓶を入れ、沸騰して3～4分経ったら
取り出し乾かしておきます。水気をしっかりとった瓶に入
れ、冷蔵庫で2～3日寝かせれば食べられます。市販のも
のにはない鮮やかなグリーンのユズコショウです。

飲む

まだ肌寒い頃のウメやモクレンの満開の姿は、
気分を高揚させてくれます。そんな春の花は、お茶としても
利用できます。開花する直前の蕾を少し収穫して、
ほのかに香る花茶を楽しみましょう。また、フレッシュな葉を
利用するお茶も合わせて紹介します。

ハクモクレン

サクラの塩漬けを利用するサクラ茶は良く知られていますが、中国や韓国ではモクレン（p173）やコブシの蕾はお茶として親しまれ、古くから生薬としても利用されています。ここでは花も大きく、自然乾燥もしやすいハクモクレンの花茶を紹介します。香りが良く、癖がないので飲みやすいのが特徴です。モクレンやコブシでも同じようにできます。

How to make

1

花が開く前のふっくらした蕾を選び摘み取ります。汚れが
ついているようならざっと水で洗い、茶色いガクの部分は
取り除きます。

↓

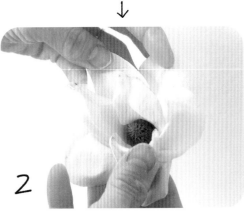

2

花びらを一枚ずつ開き、花を広げます。やや反り返るよう
に開ききったら、中心の雌しべと雄しべを根元からハサミ
で切ります。

↓

3

できるだけ目の粗いザルや麻の布などに並べ、湿気が多
い場所を避けて乾燥させます。空気が抜けないような素
材に並べると、乾燥する前に花が傷んでくるので注意し
てください。

4

時々裏返しながら、数日、中心部分までしっかり乾燥すれ
ば完成です。干しはじめてから2~3日後にクッキングシー
トを敷いたフライパンに並べ、弱火で強制的に乾燥さ
せると早く仕上げることもできます。

↓

5

完全に乾燥させないとカビが生えるので注意しましょう。
仕上がった花茶は、シリカゲルなどの乾燥剤を入れた保
存瓶などで保存します。急須に1~2輪入れ、熱湯を200
~300cc入れ、少し蒸らします。蓋を開けると、爽やかな
香りが広がります。

↓

6

黄金色に色付いたモクレン茶を注ぎ、やさしい味と香り
を楽しみます。

飲む

ウメ

古くから日本人と深いかかわりを持つウメ（p165）。春の季節を先取りし、香りを楽しむ花茶です。ふくらんできた蕾を摘み取るのは少し心苦しいですが、お茶を入れたときの甘くやさしい香りが鼻腔を抜けると、幸せな気持になります。

How to make

 →  →

開く直前のふっくらとした蕾を摘み取ります。

ガーゼや麻の布、ザルなどに広げ、ときどき転がしながら3〜4日しっかり乾燥させます。乾燥した花茶は保存瓶や保存袋などに入れ、冷蔵庫で保存します。

30〜40粒ほど急須に入れ、最初は少量のお湯を注いで香りを楽しみ、さらに150〜200ccの熱湯を入れ、少し蒸らしてからカップに注ぎ、味を楽しみます。

レモンマートル

香り成分のシトラールが、レモンと比べても格段に多いレモンマートル（p137）。お湯を注ぐだけで、香りが良くさまざまな効用があるハーブティーになります。ただ、他のハーブティー同様に過剰に摂取すると胃の不快感なども起こりうるので、注意が必要です。

How to make

 →  →

傷みがない葉を選び、1〜2枚摘み取ります。成分が強いので1〜2枚でも十分楽しめます。

水で洗い、葉を手で2〜3か所ちぎります。

急須に葉を入れ、お湯300〜400ccを注ぎ、少し蒸らします。蓋を開けると爽やかなレモンの香りが広がり、やや酸味を感じるフレッシュハーブティーに。

植栽で変わる
ビフォー・アフター

家や建物などの建築物と違い、庭や外構は植栽を行った完成時がもう一つのスタートになります。それぞれの役割や機能を担った場所で植物が生長すると、植栽帯だけでなく、空間全体が大きく変化します。施工前や施工直後と半年～数年経過した植物の様子を比べ、品種による生長スピードの違いや庭全体の変化を見てみましょう。

1 細長いスペースを彩る

玄関への狭い通路や旗竿地なども、植栽を工夫すれば
林の中の小道のような雰囲気をつくり出すことができます。
植物の特徴を知り、アフターを想像しながら植栽することが大切です。

構造物を生かしたプランを

M邸

モダンな塀や門柱と
植物たちとのコラボが美しい
個性的なアプローチ

玄関までの奥行き8m、幅2.5mほどのアプローチ。隣地との境界沿いには室外機が複数あったため、片側だけ奥まで木製の壁をつくり、入り口にはシンプルな門柱を設けています。常緑系を中心に、高さのある手前のシルバーティーツリー（p77）や下草の明るい黄葉のロータス ブリムストーン（p138）、その後ろのカレックス テスタセア（p152）なども、かなりのボリュームに。定期的な剪定は必須になりますが、緑あふれるアプローチになっています。

after 数年経過

before 施工直後

46

before 施工前

バックヤード
スペースを
明るい空間に

T邸

施工直後。すっきりとした印象になりましたが、植物のボリューム感
はまだあまりない状態。

デッドスペースが
緑に囲まれたおしゃれな通路に

物置や室外機が並ぶ敷地のバックヤードスペース。き
れいにしたいという要望を受け、砂利だった床面はす
っきりさせるためダークグレーのタイルを張り、室外
機前にはハードウッドフェンスを設け、ポールライト
も設置しました。緑化面積をクリアするために植えら
れていた植栽も全体的に見直しています。突き当たり
の抜け感をなくすために、アデク(p96)を列植し、高さ
のあるタイサンボク リトルジェム(p79)を植え、下草
には常緑系の葉色が美しい品種を選んでいます。

奥行きがなくても大丈夫！素敵なテラスと植物で快適に

H邸

after 数年経過

シマグミ

before 施工前

リビングに続く、もう一つの部屋のようなテラスに

リビングに面した奥行き3mほどの細長い敷地を庭にしたいという依頼。出入りしやすく、活用できるようにウッドデッキを設け、ハンモックも吊るせるようにパーゴラを上部に設置し、ゆくゆくはブドウ（p192）が緑陰をつくるようにな

ります。オリジナルタープも製作し、日差しが強い時期には取りつけます。いちばん奥にはウッドデッキをくり抜き、メラレウカ ブラックティーツリー（p83）を入れ、ベンチの背になっているフェンス前にはシマグミ（p74）を植えています。

立ち上がるフェンスやパーゴラは、グレー系の防腐剤入りステインで塗装し、室外機の上にも鉢や物が置けるように同色の台を設置しました。庭部分が道路から見下ろす位置にあるため、目隠しになるよう道路脇にアカシア デアネイ (p69) を植えています。鉢植えのバラや寄せ植えなど、住む人が楽しみながらレイアウトして、雰囲気も良くなっています。

before 施工直後

after 数年経過

下草とツル性植物であっという間に緑のトンネルに

K邸

テラスと塀の間がグリーンベルト地帯に

建物に面したウッドデッキが長く広がる奥行き2.5mほどのスペース。隣地との目隠しのため、スチールを躯体にしたフェンスを設け、将来的にはグリーンで覆われるように誘引資材を取りつけ、スタージャスミン (p144) を植えました。下草は日陰に強いティアレラ (p117) やタマシダ (p115) を、突き当たりには花や実が楽しめるように、ジューンベリー (p166) やアジサイ アナベル (p177) を入れています。2年弱でツルやヤツデ (p133)、タマシダも大きくなり、緑のボリュームも増しています。

2 壁際を彩る

建物が背景になる場合は、窓の位置や将来的な樹木の大きさと建物全体のバランスを考え、場所によっては冬期の見え方も考慮します。植物のレアウトで建物全体のイメージも変わる重要なポイントです。

壁面の色と
素材に合わせて
大小の植物を
組み合わせる

after 数年経過

a
b
c
d
e
f

before 施工直後

建物前の植栽帯は
グリーンの展示場のよう

通路に面した建物沿いの植栽帯。外からの視線を遮りたい部分の窓前には、常緑性のユーカリを配し、葉色が異なる常緑性の低木類や、落葉性の花木なども織り交ぜ、四季折々で楽しめる植栽帯にしています。

a ユーカリ ポポラス（p85）
b ビバーナム リチドフィラム（p127）
c トキワマンサク クロビジン（p120）
d ツリージャーマンダー（p116）
e コトネアスター グラウコフィラス
　（p106）
f ディエテス ビコロル（p119）

シンボルツリーで主張する一目でわかるお店に

before 施工直後

after 数年経過

目をひく楽しい植物でショップのイメージアップを

都心の一等地の店舗の植栽。キャラクターショップのため、限られたスペースの中で、通年楽しい雰囲気が伝わるような植栽に。常緑で葉色が異なる3本の木と、株元も伸びすぎて出入りに邪魔にならないような多年草や低木を選んでいます。

a シルバーティーツリー (p77)

b ユーカリ リバーレッドガム (p85)

c メラレウカ レボリューションゴールド (p83)

d ディアネラ (p118)

e コロキア コトネアスター (p107)

f ユーホルビア ウルフェニー (p134)

after 数年経過

前頁 (p50) の並びのコーナーエリア。同じように窓の部分を隠すようにすることがポイントだったため、ペッパーツリーをメインにし、コーナーを締める役割にカレックスを入れています。

g ペッパーツリー (p82)

h セントーレア ギムノカルパ

i カレックス ブキャナニー (p152)

j メギ アトロプルプレアナナ

k ロマンドラ ロンギフォリア (p157)

l レプトスペルマム ラニゲラム

before 施工直後

after 数年経過

白壁に絵を描くように
楽しみながら植栽を

K邸

before 施工直後

白壁を生かし、
葉色の違いを楽しめる植栽に

自転車置き場に面した北西の軒下になる植栽帯。窓の前を隠したいとのことで、ステレオスペルマムを入れています。熱帯性ですが耐寒性もあるので、都内では露地植えもでき、強剪定にも耐えるので大きさもコントロールできます。

a ステレオスペルマム
b グレビレア ゴールデンユーロ
　(p104)
c タマモクマオウ(p115)
d コトネアスター グラウコフィラス
　(p106)

ブルーの窓枠に合わせた植物選び　葉形や葉色もモダンに

H邸

葉色のブルーが美しいアクセントに

南側に面した玄関に続くアプローチを彩る奥行き50cmほどの植栽帯ですが、常緑落葉ともにたくさんの種類の植物が植えられています。中でもブルーのルーの葉が、建物と植栽帯をつなぐ役割をしています。

a アベリア　シネンシス (p179)
b ルー (p136)
c ツルバキア
d ライム
e ローリエ　アングスティフォリア (p138)
f クリスマスローズ (p102)

before 施工直後

after 数年経過

3 ワンコーナーを彩る

エントランスの一部や門柱まわり、バックヤードのちょっとした土の部分
も植栽し、生長すれば華やかに生まれ変わります。風当たりや日照条件、
土壌の様子などの環境を確認して、適した植物を選びましょう。

高低差をつけてこんもり茂る植物を

高低差を利用した
立体的なアプローチ

80cmほどの高低差がある、北向きの
玄関から道路までのアプローチ。広
めのステップをコンクリートでつく
り、両脇を植物で埋めています。植
栽帯は土が流れないようにハード
ウッドで土留めを施しています。

a タマモクマオウ(p115)
b カレックス キウイ(p152)
c ラベンダー グロッソ(p135)
d ウエストリンギア(p98)
e ライラック(p174)
f ユーホルビア ウルフェニー(p134)

before 施工直後

after 数年経過

after 数年経過

before 施工直後

たくさんの人が通る入り口にはグリーンでお出迎えを

集合住宅

エントランスには花も楽しめる植物を

東向きの集合住宅のエントランス。高さ4mほどのシマトネリコの株立ちを植えた奥行き1mの植栽帯には、ロマンドラやディエテスなど都会的な表情がありながら、季節によって花も楽しめる構成にしています。

a ツリージャーマンダー (p116)
b ホソバニンジンボク (p169)
c フォッサギラ ブルーシャドウ (p185)
d ロマンドラ タニカ (p157)
e ディエテス (p119)
f ウエストリンギア (p98)

before 施工直後

after 数年経過

黒い外壁に映える色と形態の植物を

黒いガルバリウム張りのクールな印象のファサードに、灰緑色のユーホルビアやウエストリンギアの葉が印象的。北側でも朝日が当たるスペースは、暑さに弱い植物には適しており、ライラックも向いています。低木類はアプローチに大きく飛び出さないような、あまり暴れず、こんもりと生長するタイプを選んでいます。

after 数年経過

before 施工直後

建物のイメージと
合わせて門柱や
郵便受けで
おしゃれな演出を

S邸

門柱のまわりを植物で囲んで
開放的なアプローチに

玄関へ向かう日当たりの良いアプローチ。グレーのレンガで舗装し、枕木の門柱を設け、背景にアカシア スノーウィーリバーを植えています。アカシアは生長が早く、上部の生長に比べ根の生育が遅いため、倒木しやすいのですが、このスノーウィーリバーは株状になり、倒木しにくいタイプです。門柱のまわりは葉色の明るいハーブ類で飾り、玄関前に株立ちのアオダモがあることでより奥行きを感じる動線になっています。

a アカシア スノーウィーリバーワトル (p69)
b ミントブッシュ
c ユーホルビア ウルフェニー (p134)
d ローズマリー (p137)
e ロータス ブリムストーン (p138)
f ラベンダー (p135)

after 数年経過

before 施工直後

ワンコーナーもこんもり緑に

建物に挟まれていますが南向きのため、半日程度の日当たりがあります。通りからの目隠しとしてレモンティーツリーを植え、鉢植えで育てていたオリーブも地植えにしたことで大きく生長しています。

a レモンティーツリー（p87）
b グレビレア（p104）
c オリーブ（p72）
d カレックス キウイ（p152）

S邸

囲まれたスペースも植物選びの工夫で緑豊かに

T邸

点在する小さなスペースを大小植物を組み合わせてグリーンベルトに

before 施工直後

after 数年経過

条件に合った植物を選んで緑地化を

駐車場とエントランスに挟まれた狭いスペースなので、あまり葉張りが出ず、高さも出ない常緑種のアガパンサスを列植し、上部のパーゴラに絡み立体感が生まれるように、同じスペースの柱脇にテイカカズラを植えました。ポーチを囲む植栽帯には四季を感じるような花物と通年緑を維持する低木とを組み合わせています。

a テイカカズラ
b アガパンサス（p94）
c カシワバアジサイ スノークイーン（p177）
d ウエストリンギア（p98）

石壁をキャンバスに見立て
メインツリーと
個性的な植物で飾る

T邸

after 数年経過

before 施工直後

駐車スペース脇の
小さな空間にもグリーンを

南国をイメージさせる石の壁が特徴的な外構
部分の植栽。北西の角になる駐車場脇のスペ
ースには、中心にシマトネリコを植え、車の出
入りに邪魔にならないよう、下草はあまり大き
く葉張りが出てこない品種を選んでいます。

a シマトネリコ (p77)

b ユーホルビア ウルフェニー (p134)

c ユッカ グロリオサ バリエガタ (p158)

d ローズマリー (p137)

e トベラ (p121)

南国をイメージした植栽

海に近いエリアのため、全体的に耐潮性が
ある品種を多く選び、門柱まわりには、フ
ォルムが個性的な種類で構成しています。

f セネシオ フィコイデス (p111)
g コルジリネ アトロプルプレア (p151)
h アガベ ベネズエラ (p148)
i ローズマリー (p137)
j ロータス ブリムストーン (p138)

一邸

レイズドベッドと
塀をつくり
明るい花をつける
ツル性植物で
華やかさを

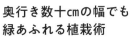

奥行き数十cmの幅でも
緑あふれる植栽術

地下の駐車場から玄関へ続く階段脇を
彩る、奥行き30cmほどの植栽帯。フェン
スには目隠し用の常緑ツル植物を這わせ、
階段脇の立ち上がりには下垂する種類や
葉色が明るい品種を選んでいます。

a スタージャスミン (p144)
b コンボルブルス サバティウス (p143)
c クレマチス シロマンエ (p189)
d ウエストリンギア (p98)
e ラベンダー デンタータ (p135)

4 隣りとの境目を彩る

隣家との境に樹木を目隠しとして用いることも多いですが、
枝が越境したり、落ち葉や花柄などが問題になることもあります。
生長スピードや性質などを考慮した、樹種選びが重要です。

常緑の
メインツリーで
一年中楽しみながら
目隠しを

T邸

after 数年経過

before 施工直後

大きめの樹木で気持ち良く目隠しを

高台の南向きに面した風通しの良い中庭。住宅
街のためプライバシーを考慮し、大きめの樹木
を目隠しとして外周部分に数本配植しました。
海が近く、潮風の影響を受けることから、植物全
般に比較的耐潮性のある常緑種を中心に選び、
芝生が広がる気持ちの良い空間になっています。

a ソルトブッシュ (p112)
b レモン (p87)
c シマグミ (p74)
d シマトネリコ (p77)
e ニューサイラン (p155)
f ウエストリンギア (p98)

after 数年経過

家に近い側に植えたロシアンオリーブは生長が早く、1年で2m以上伸びるため、定期的な剪定と支柱材の取りつけが必要ですが、葉色が美しくシンボル的な存在になっています。

g カリステモン（p73）
h ロシアンオリーブ（p175）
i ロマンドラ ロンギフォリア（p157）
j ピスタチア（p124）
k ロータス ブリムストーン（p138）

before 施工直後

H邸

お隣りさんも歓迎 グリーンで やさしい境界を

after 数年経過

before 施工直後

隣家と協力して緑豊かな境界に

駐車場を兼ねたエントランス脇に、やんわりと隣家との目隠しをするための植栽帯を設けました。隣家側にも植栽帯があり、茂った今では一体感も感じられるほどになっています。

a ビルベリー（p125）
b セアノサス（p182）
c シマグミ（p74）
d トサシモツケ（p183）
e ヒメウツギ（p185）
f ストロビランティス
　 ブルネッティー（p110）

5 憩いのスペースを彩る

庭での過ごし方はさまざまですが、お茶を飲んだり、食事をしたり、ゆっくりと本を読んで過ごしたりと、植物を感じながらくつろげるスペースは、ガーデンライフには欠かせません。

before 施工直後

家族のライフスタイルに合わせた庭づくりを

南向きのリビング前に家族でくつろげる広いウッドデッキを設置し、上部にはブドウ(p192)が伸びるスチール製のパーゴラを設けています。石の小道沿いには木枠でつくった菜園とコンポストを並べ、正面にはベンチを置いてフォーカルポイントに。家族の楽しげな姿が浮かびます。

a スモークツリー ヤングレディ (p167)
b ノリウツギ ライムライト (p184)
c シマグミ (p74)
d アジサイ アナベル (p177)
e ムスクマロウ
f ネペタ ファーセニー

after 数年経過

育てて、食べて、くつろぐ
家族の庭

ネペタ ファーセニーが通路まで旺盛に伸び、菜園にはシソやバジル、オクラなどが元気に育っています。ギンバイカを列植して、デッキエリアと隣地との目隠しにし、セイヨウボダイジュは2階からも眺められる大きなものを入れ、株元にはブルーベリーを植えています。

g　ヒメリンゴ（p171）
h　トサシモツケ（p183）
i　ホリホック
j　セイヨウボダイジュ
k　ギンバイカ（p102）
l　ブルーベリー（p186）

after 数年経過

before 施工直後

自然の中のプライベートルームで家族や友人とのんびり過ごす

M邸

after 数年経過

before 施工直後

壁と緑に囲まれている安心感
極上のリラックスタイム

北側の20㎡ほどのスペースですが、外周の壁が老朽化していたため、高さのあるコンクリートの壁をつくり、石材で敷き詰め、パティオのような中庭にしました。施工後10年が経ち、シマトネリコも大きく生長し、ツル性植物も生い茂り、しっとりとした落ち着いた空間になっています。

a シマトネリコ（p77）
b ヘンリーヅタ（p196）
c カシワバアジサイ
スノークイーン（p177）
d バイカウツギ（p184）
e ハマヒサカキ

植物図鑑

植物の持つ魅力の感じ方は人それぞれ違いますが、花や形、色などの見た目とともに、ちょっとした性質がわかると、植物との良い関係が保てます。植える場所や環境が、その植物に合っているかどうか、大きさや生長スピードなど植物の個性ををほんの少しでも理解できれば、維持管理も無理なく行えます。ここでは、常緑性の植物を中心に、庭づくりや外構工事での使用頻度が高い種類や、これから流通が増えてくるようなおすすめの品種を紹介しています。

常緑種

庭や外まわりでも、インドアグリーンのように
通年、緑を感じられる植物の需要は高まっています。
特に都市部では落ち葉の問題やローメンテンナンス需要などからも、
常緑性植物が好まれる傾向があり、流通量も増えています。
ここでは、大きさや形で4つのカテゴリーに分けてご紹介しています。
寒さに注意する必要があるものも多いですが、
性質やポイントを押さえ適材適所で選んでみてください。

メインツリー

となるもの

中高木（約2m以上）

玄関前や中庭など1本でシンボル的になるものや、
植栽帯の中でもいちばん大きな存在になるメインツリー。
最低でも1.8〜2.0m以上での維持が向く中高木を選んでいます。
広さやスペースに合わせてお気に入りを探してみましょう。

アカシア *Acacia*

▶P15、20、25、49、56、90

ギンヨウアカシア／スノーウィーリバーワトル／フサアカシア／
スペクタビリス／ブルーブッシュ／フロリブンダ／オーブンズワトル／
ブリスベーン／パールアカシア／テレサ／デアネイ

科・属名

マメ科 アカシア属

原産地　南半球（熱帯亜熱帯）

樹高　1〜10m（品種により異なる）

日当たり　☀ ⛅

耐寒性　❄ ❄

生活　fresh、dry

特徴

世界で約600種ほどあり、熱帯・亜熱帯に分布する小高木や低木。オーストラリアに多く、ゴールデンワトル（A. pycnantha）という品種が国花にもなっている。日本には明治初期に導入された。根に根粒菌を持つため、やせ地でも生長が早く、剪定や支柱は欠かせない。土壌はあまり選ばないが水はけの良い土を好む。短命と言われており、特に日本では台風による倒木も多く、庭への植栽後15年以上保つのは難しい。本書で紹介しているものは−3〜−5度くらいまで生育可。耐潮性があり、暑さにも強い。

育て方のポイント

翌年の開花に影響するので、剪定は遅くとも7月には行いたい。夏期の強剪定は枯れ込みやすいので注意が必要。風通しや日当たりが悪いと花付きが悪くなったり、カイガラムシ（p204参照）が発生しやすくなる。発見した場合は、手や歯ブラシなどで、こそげ落とすのが簡単で効果的。乾燥にも強く鉢植えでも管理しやすい。鉢の場合は2〜3年に1回は掘り上げ、根を1/4程度切り、土を入れ替える。肥料は鉢植えは少量で、地植えはほとんど必要ない。

**スノーウィー
リバーワトル**
A. boormanii
樹高2〜4m。地際から
株状になりやすいため
管理しやすく、限られた
スペースにはおすすめ。

ギンヨウアカシア
A. baileyana
樹高3〜5m。青みがかった
灰緑色の葉を持ち、日本で
はいちばん知られているア
カシア。葉先が紫色になる
ブルプレアや黄葉種もある。

フサアカシア
A. dealbata
樹高5〜10m。アカシア
の中でも特に生長が早
い。夜になると葉が閉
じる。ミモザアカシア
とは、本来フサアカシ
アを言う。

スペクタビリス
A. spectabilis

樹高3〜5m。花が大きく香りも強い。ギンヨウと比べるとやや寒さに弱い。剪定は年2回は必要。

ブルーブッシュ
A. covenyi

樹高3〜5m。灰緑色の葉が特に美しいが、暴れやすく管理がやや難しい。

オーブンズワトル
A. pravissima

樹高3〜8m。三角葉タイプだが、単木になるタイプ。単木種としてはおすすめ。

フロリブンダ
A. floribunda

樹高5〜10m。大きく育てると淡黄色の花は見事だが、剪定時は全量の半分くらいまでカットし、ボリュームを抑えると良い。

ブリスベーン
A. fimbriata
樹高5〜8m。花色が淡く、全体が柔らかい印象で鉢植にはおすすめ。

パールアカシア
A. podalyriifolia
樹高3〜5m。葉色はきれいで花も香りが強いが、日照条件が悪いとうまく育たず、ギンヨウに比べ性質はやや弱い。

テレサ
A. fimbriata
樹高1〜1.8m。コンパクトとはいえ、剪定が難しいので縦横1m以上のスペースは確保したい。花付きは悪いが半日陰でも可。

デアネイ
A. deanei
樹高5〜10m。他のアカシアと比べると派手さはないが、四季咲き性で通年少しずつ淡いクリーム色の香りの良い花が咲く。

カマエキパリス ノトカテンシス ペンデュラ
Chamaecyparis nootkatensis 'Pendula'

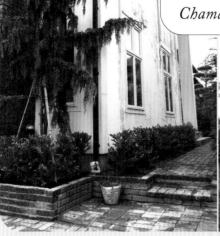

別名　アラスカヒノキ、アメリカヒノキ
科・属名　ヒノキ科 ヒノキ属
原産地　アラスカ、北アメリカ太平洋沿岸
樹高　6〜12m
日当たり　☀☁
耐寒性　❄❄❄
生活　fresh

特徴・育て方のポイント

童話の中の樹の怪物を思わせるような、特異な樹形を持つ針葉樹。北アメリカで1900年代初頭に生産販売され始めた。枝垂れタイプの針葉樹はいくつか流通しており、主軸がないタイプもあるが、本種は主軸があり、形が大きな円錐状になるため扱いやすい。全体は深い緑で、葉先がやや灰青緑になり、手を広げたように枝が張り、シンボル的になる場所には最適。生長も緩やかで、剪定も葉張りが出すぎる部分のみカットする程度でほとんど必要ない。湿り気があり、水はけが良い弱酸性土壌を好むため、大きく育てるなら池や川などの近くが良い。木が成熟すると幹の皮が剥がれてくる。

オリーブ *Olea europaea*

▶P18、23、25、29、31、57

科・属名　モクセイ科 オリーブ属
原産地　小アジア、地中海東部沿岸
樹高　3〜10m
日当たり　☀☁
耐寒性　❄❄❄（品種により❄❄）
生活　fresh、eat & drink

特徴・育て方のポイント

世界で500品種以上あると言われ、品種により直立性や開帳性などがあり、大きさも異なる。−8度程度まで耐えられ、土壌の適応能力も高く、生長は比較的早いが育てやすい。初夏にクリーム色の小さな花を咲かせる。1本だと実がなりにくいので異品種を近くに植えると良い。オリーブゾウムシ（p205参照）という体長1.5cmほどの甲虫には、特に注意が必要。春〜秋に根元付近の樹皮内に卵を産み、孵化した幼虫が幹を喰い枯死させる。薬剤を除く予防は難しく、株元を中心に幹まわりを風通し良く管理し、木屑などがないか日頃から注意することが重要。

ピンクシャンパン　C. 'pink champagne'
樹高4〜6m。赤花種よりやや寒さに弱いが、花色がやさしく花期も長いのでおすすめ。花色もピンクからクリームに変化する。

カリステモン *Callistemon*

ピンクシャンパン／スポットファイヤー
▶P22、23、61

スポットファイヤー　C. 'spotfire'
矮性種で樹高・幅とも1.5m前後。低い生け垣としても。

別名　ブラシノキ
科・属名
フトモモ科 ブラシノキ属
原産地　オーストラリア
樹高　1.5〜6m（品種により異なる）
日当たり　☀
耐寒性　❄❄
生活　fresh、dry

特徴

オーストラリアでは蜜を目当てに小鳥が集まる樹として親しまれている。日本には明治時代の中頃に渡来。カリステモン キトリヌス（*C. citrinus*）が昔からあるキンポウジュで、ブラシ状の赤い花が特徴的で強いため、好みも分かれた。近年は違う花色の品種の流通も増え、葉が小さく、つき方も常緑照葉樹とは違い軽い印象になるため人気。切り花やドライフラワーとしても利用しやすい。赤紫やピンク、白、黄緑などの花色や低木として使える矮性種から小高木まで幅広いので、植える場所に合わせ、使い分けられる。

育て方のポイント

耐暑性・耐潮性もあるので海に近いエリアの植栽にも。生長もそれほど早くないので、込み入った枝を抜いたり、垂れてくる枝を詰める程度で良く、低木類は刈り込んでも良い。目立った病虫害もないため管理しやすい。他のオーストラリア系植物同様、肥料は年に1回と少なめで良い。

キンヨウガンショウ *Magnolia foveolata (Michelia foveolata)*

別名　ミケリア フォベオラタ
科・属名　モクレン科 モクレン属（オガタマノキ属）
原産地　中国南部、ベトナム
樹高　5～10m
日当たり　☀️⛅
耐寒性　❄️❄️

特徴・育て方のポイント

漢字では「金葉含笑」。ゴムの木に似た大きな葉の裏は金褐色のフェルト状で毛羽立っており、革のような質感を持ち美しい。クリーム色の芳香のある花が春と、まれに秋にも咲く。中国ではオガタマノキ属が含笑と呼ばれ、開きはじめの花が含み笑いを連想させるさまからと言われている。本種もオガタマの仲間で、近縁種のミヤマガンショウ（深山含笑）もその一つ。関東南部以西では露地で越冬する。水持ちが良く、有機成分に富んだ水はけの良い土壌が理想的。生長も緩やかで、葉が入れ替わりで落ち、樹冠全体はあまり密にはならないため、剪定もほとんど必要ない。

シマグミ *Elaeagnus umbellata var. rotundifolia*

▶P21、48、60、61、62

別名　マルバアキグミ
科・属名　グミ科 グミ属
原産地　日本
（本州、四国、九州などの沿岸部）
樹高　2～5m
日当たり　☀️⛅❄️
耐寒性　❄️❄️❄️
生活　fresh、dry、eat & drink

特徴・育て方のポイント

アキグミの変種。シルバーの葉色を通年楽しませてくれるグミの仲間。近種のロシアンオリーブ（ヤナギバグミ）と比べ、生長が緩やかで、暴れることもないため、非常に扱いやすい。庭ではメインツリーとしてはもちろん、剪定し生け垣や低木と植栽帯の骨格にもなる。春に白い花が咲き、秋から冬にかけて実が赤く色づく。実は食べられるが小さく渋みが強いので加工向き。気温が氷点下になると落葉するが、−10度前後まで耐える。特に耐潮性が強いので、海岸沿いの植栽にも向く。目立った病虫害もないことから、初心者向けのシルバーリーフとしておすすめ。

ジャカランダ *Jacaranda*

ディープスカイ／
ブルーブロッサムビューイング／
ミモシフォリア

ディープスカイ
樹高5〜6m。小さいうちからでも
開花しやすい濃色選抜品種。

ブルーブロッサムビューイング
日本で作出された矮性の濃色選抜品種。

ミモシフォリア *J. mimosifolia*
都内沿岸の公園で10m近くに育ったミモシフォリア。

別名 キリモドキ、シウンボク
科・属名 ノウゼンカズラ科
キリモドキ属
原産地 熱帯アメリカ
樹高 3〜15m
日当たり ☀☁
耐寒性 ❄❄
生活 fresh

特徴

初夏から夏にかけて咲く青紫の大きな花は、日本の花木にはない華やかさがあり美しい。熱帯や亜熱帯地域では、街路樹や公園樹として使われており、世界三大花木の一つにもなっている。以前は観葉植物として室内グリーン向けとしての流通が多かったが、温暖化の影響や日本での品種改良もあり、庭木用としての流通も増えている。もっとも出まわっているミモシフォリアは生長が非常に早く、大木になるので地植えの場合は場所を選びたい。

育て方のポイント

2〜3mほどで維持できる矮性種や繰り返し咲く品種があり、家庭では矮性種がおすすめ。目立った病虫害はないが、寒さが厳しいと落葉し、枝先が枯れ込む。暑さには強く、鉢でも管理できるので、軒のあるバルコニーやベランダ、隣家が迫った中庭など、限られたスペースでのグリーンとして柔らかい葉を楽しむのも良い。挿し木もしやすく、花後結実した種から播種によって増やすこともできる。

ジョウリョクヤマボウシ ヒマラヤ *Cornus capitata*

別名　ヒマラヤヤマボウシ、
コルヌス カピタータ

科・属名　ミズキ科 ミズキ属

原産地　中国大陸〜ヒマラヤ

樹高　5〜12m

日当たり　☀️⛅️☁️

耐寒性　❄️❄️❄️

生活　fresh、eat & drink

特徴・育て方のポイント

葉の厚みが薄く、照りもあまりないので、ホンコンエンシスよりも落葉樹に近い柔らかい印象になる。大きく育てられるならこちらがおすすめ。常緑性だが−15度近くまでの耐寒性がある。初夏に白系の花が咲き、その後、実をつける。完熟した実は生でも食べられ、甘く、ねっとりとした食感。冬期に紫がかった赤みを帯び紅葉する。春先に古い葉がかなり落ちる。目立った病害虫もなく、生育も特に早くないので、庭木としては扱いやすい。

ジョウリョクヤマボウシ ホンコンエンシス *Cornus hongkongensis*

科・属名　ミズキ科 ミズキ属

原産地　中国南部〜インドシナ半島

樹高　3〜8m

日当たり　☀️☁️

耐寒性　❄️❄️

生活　fresh、eat & drink

特徴・育て方のポイント

市場に出まわっている常緑性のヤマボウシは、上段のヒマラヤと本種、本種の亜種になるガビサンヤマボウシ（メラノトリカ）と「月光」と呼ばれる花付きの良い改良品種の流通が多い。照葉樹特有の葉の照りがあるため、和の印象もあるが、葉が密で樹形もまとまり、比較的コンパクトに育つので、狭いスペースや目隠しには向いている。ヒマラヤ同様、初夏に花が咲き、生食できる実をつける。冬期に紅葉し、春先に新芽の入れ替わりで古い葉がかなり落ちるのが気になるくらいで、目立った病害虫もなく、花も実も楽しめる常緑樹としては優秀。

シマトネリコ *Fraxinus griffithii*

▶P14、25、29、31、34、38、58、60、64

別名	タイワンシオジ、タイワントネリコ
科・属名	モクセイ科 トネリコ属
原産地	日本（南西諸島）、台湾、中国南部
樹高	5〜15m
日当たり	☀ ⛅
耐寒性	❄ ❄

特徴・育て方のポイント

30年ほど前は観葉植物としても流通していたが、温暖化の影響で関東でも露地で冬を越せるようになり、庭木としての流通が広がった。温帯の照葉樹の中では、葉が小さく比較的柔らかい印象のため、とても人気があり、住宅はもちろん、都市部のビルやマンションなどでも定番になっている。性質は強健で、強剪定もできるため扱いやすいが、生長が早いので、狭いスペースだとしっかりした剪定が必要。目立った病気はないが、初夏から夏にかけてスズメガの幼虫（p204参照）がつくことがあり、黒い大きな糞がまわりに落ちていないか注意する。気温が低いと落葉することもあり、特に寒風が強く当たると枝先から枯れ込む。

シルバーティーツリー *Leptospermum brachyandrum*

▶P46、51

別名	ウィーピングティーツリー
科・属名	フトモモ科 レプトスペルマム属
原産地	オーストラリア東部沿岸
樹高	2〜5m
日当たり	☀ ⛅
耐寒性	❄ ❄
生活	fresh、dry

特徴・育て方のポイント

別名のとおり枝が枝垂れ、オーストラリアでは街路樹としても使われているが、生長が緩やかなので、メインツリーとしてはとてもおすすめ。細いうちは支柱が必要だが、枝先を詰めていくとこんもりした形になるため、植栽帯の骨格になるような中低木的に使うこともできる。湿潤地でも生長し、葉は薄めになるが半日陰でも育つので、さまざまなスペースで活用できる。ミノムシが冬期につくこともあるが、目立った病虫害はほとんどない。幹肌は生長するとユーカリのように皮がむけてくる。初夏から夏にかけて、目立たないが小さな白いウメのような花が咲く。切り花はもちろんドライフラワーにもしやすい。

シロバナネムノキ *Calliandra portoricensis*

別名	カリアンドラ ポルトリケンシス
科・属名	マメ科 カリアンドラ属
原産地	西インド諸島、メキシコ、パナマ
樹高	3〜6m
日当たり	☀☁
耐寒性	❄❄
生活	fresh

特徴・育て方のポイント

ネムノキ(p170)とは別属になる。分類的には中低木だがコンパクトなメインツリーとしても使え、とてもおすすめ。初夏から夏にかけて、タンポポの綿毛を思わせる白い球状の花が咲く。花は夕方から開きはじめ、濃密な甘い香りを放ち、翌日の午前中には閉じて落ちてしまう一日花。枝先に花芽が次々とできる多花性なので、花期も長い。マメ科特有の就眠運動で夜は葉が閉じた状態で花が咲くので、とても見ごたえがある。常緑樹だが熱帯性のため、冬期に気温が下がると葉を落とす。目立った病虫害はほとんどなく、剪定も伸びた枝先を詰める程度なので管理しやすい。

ナンヨウスギ *Araucaria heterophylla*

別名	アローカリア、コバノナンヨウスギ、シマナンヨウスギ、ノーフォークマツ
科・属名	ナンヨウスギ科 アロウカリア属
原産地	オーストラリア (ノーフォーク島)
樹高	50〜60m
日当たり	☀☁
耐寒性	❄
生活	fresh

特徴・育て方のポイント

同属は南アメリカ、ポリネシア、オーストラリアで15種類ほど分布。日本でナンヨウスギとして流通しているのはシマナンヨウスギだが、同属全般を示すこともある。本種はノーフォーク島にだけしか自生していない品種で、耐寒性は弱いが、3〜4mまでしっかり生長し根が張ると、多少の氷点下であれば生育することができる。枝が層状に輪生して水平に伸び、きれいな円錐形に広がる葉の陰影が非常に美しい。分類的には大高木になるので、広いスペースに植えたい。日本には明治時代に渡来し、観葉植物としても流通している。強風に弱いが潮には強いので、沿岸地域の植栽にも向く。

リトルジェム

プラエコックス ファスティギアータ
Fastigiata Praecox

タイサンボク リトルジェム *Magnolia grandiflora* 'little gem'

プラエコックス ファスティギアータ

▶P13、47

科・属名　モクレン科 モクレン属

原産地　北アメリカ東南部

樹高　3〜7m

日当たり ☀☁

耐寒性 ❄☁

生活　fresh、dry

特徴

タイサンボクは北アメリカを中心に50種類前後の品種が作出されている。基本種は30mに達するほどの大高木だが、本種は品種改良された小型種で、生育も緩やかなので、狭いスペースにもおすすめ。小さいうちから花付きが良く、初夏から夏にかけて甘い香りの花をぽつぽつと咲かせる。葉の表面は艶のある深い緑で、裏は茶褐色のビロード状なので、樹冠全体が他にはない独特の色合いになる。プラエコックス ファスティギアータは、葉張りが出にくい品種で、葉が波打つのが特徴。

育て方のポイント

大きさをコントロールするために伸びた先を詰める程度で、剪定もほとんど不要。行う場合は花後すぐが良い。目立った病虫害もなく優秀な樹木。根詰まりに強いため、鉢植えにも向いている。切り枝、ドライフラワーとしても活用できる。

ハイノキ *Symplocos myrtacea*

別名	イノコシバ
科・属名	ハイノキ科 ハイノキ属
原産地	日本（近畿以南の本州・四国・九州）
樹高	3～4m
日当たり	☁
耐寒性	❄❄
生活	fresh

特徴・育て方のポイント

葉が小さく、株状に伸びる枝ぶりも細かく、全体的に涼しげな印象で人気が高い。根の張りが浅いため、夏の強い日差しや西日を避けた、半日陰のような場所のほうが葉をきれいに保つことができる。都心の住宅街などの日照条件の悪い場所でも活用できる木の一つ。初夏に小さな白花を咲かせ、その後黒い実がなる。暖地性なので気温がかなり下がると葉を落とす。水はけの良い土地を好むので粘土質が多い場所は腐葉土などで土壌改良を行ったほうが良い。生長が遅く、あまり詰めないほうが本来の柔らかい樹形を維持できるので、伸びすぎた枝を間引く程度で管理もしやすい。

ビワ *Eriobotrya japonica*

▶P18

科・属名	バラ科 ビワ属
原産地	中国南部
樹高・草丈	4～10m
日当たり	☀ ☁
耐寒性	❄❄❄
生活	eat & drink

特徴・育て方のポイント

花芽がつきやすく、1本でも結実するので、常緑性の果樹としては柑橘類と並んで昔から親しまれている。葉は濃緑色でやや重い印象になるが、白い斑が入る品種もある。丈夫で育てやすく、耐潮性もあり、鉢植えでも管理しやすい。耐寒性はあるが冬に開花・結実するため、－3度以下になると花や実に寒害の影響が出てしまうので、寒冷地で育てる場合は晩生（おくて）タイプを選ぶと良い。花芽分化が夏に起こり、秋以降の剪定は翌年の花に影響が出るので、大きく切り戻すなら春に行う。葉を乾燥したものは、お茶としても利用でき、漢方の生薬としても使われ、咳止めや利尿、健胃などの効能がある。種には毒性がある。

コースト バンクシア B. integrifolia
10m以上になる高木だが、鉢植えで小さく育てることもできる。

バンクシア Banksia

コースト バンクシア／
ヘアピン バンクシア　▶P21

ヘアピン バンクシア B. spinulosa
半日陰の場所だが花もつく。

別名　バンクシャー
科・属名
ヤマモガシ科 バンクシア属
原産地　オーストラリア
樹高　1.5〜15m
日当たり　☀☁
耐寒性　❄❄
生活　fresh、dry

特徴

オーストラリアに73種が分布している。多くの品種が水はけの良い酸性土で育ち、乾燥を好むが一部湿地性の品種もある。オーストラリア東部は関東以西の太平洋岸の気候に近く、東側原産種を選べば育てやすい。コースト バンクシアは、沿岸(コースト)の名前のとおり耐潮性が非常に強く、現地では防潮や侵食防止にも使われる。ヘアピン バンクシアはオレンジ色の花が咲き、1〜3m程度になる低木で生長も遅いため、狭いスペース向き。2種ともオーストラリア東部原産。

育て方のポイント

コースト バンクシアは生長は早めだが強剪定もできるため、大きさのコントロールはしやすい。ヘアピン バンクシアは伸びも遅く、剪定も整枝する程度に。ともに水はけの良い土壌を好み、鉢植えにも向いている。バンクシア全般はリン酸分の少ない土壌に育つため、根毛が試験官用のブラシのように生えるクラスター根という特殊な根の構造を持ち、リン酸が効率的に吸収できるようになっている。そのため、リン酸分の多い肥料を与えると、逆に根を傷めてしまうので注意が必要。

フェイジョア *Feijoa sellowiana (Acca)*

▶P27、35

別名　パイナップルグアバ、アナナスグアバ
科・属名　フトモモ科 フェイジョア属（アッカ属）
原産地　北アメリカ南部、南アメリカ東南部
樹高　2〜5m
日当たり　☀️☁️
耐寒性　❄️❄️❄️
生活　eat & drink

特徴・育て方のポイント

亜熱帯性の果樹だが耐寒性が強く−10度くらいまでは凍害を受けない。耐乾性も強く土質を選ばないが、水はけが良い腐植に富んだ砂質土壌だと生育が良い。日当たりや風通しが悪いと、葉に斑点ができたり黒ずむ病気になるが、基本的な性質は丈夫で育てやすい。1本で実がつきやすいアポロやクーリッジという品種もあるが、一般的な品種は1本では結実しないので、異品種を近くに植えると良い。初夏から夏にかけて赤い個性的な花を咲かせ、白い花弁部分は甘く食べられる。秋から冬になる実は、十分に成熟させ、自然に木から落ちたものを拾うほうが、甘みや香りが良い。パイナップルの香りに近く、生で食べられる。

ペッパーツリー *Schinus molle*

▶P51

別名　ペルーコショウ、コショウボク
科・属名　ウルシ科 サンショウモドキ属
原産地　ペルー（アンデス地方）
樹高　5〜10m
日当たり　☀️☁️
耐寒性　❄️
生活　eat & drink

特徴・育て方のポイント

熱帯・亜熱帯地域の街路樹でも使われている。枝は枝垂れ状になり、樹脂から香料が取れ、葉や茎を切ると柑橘類を思わせる爽やかな香りがする。初夏に白い花が咲き、その後淡紅色の実がなる。実はピンクペッパーと呼ばれ香辛料として利用できるが、一般的なコショウとは別種。水はけの良い土壌を好み、丈夫で生長がとても早い。葉を触った手で目をこすると、トウガラシと同じように痛みを伴うので注意が必要。同じサンショウモドキ属のブラジリアンペッパーツリー（*S. terebinthifolius*）は、枝垂れないが同じ複葉という葉のつき方で、夏に赤い実をたくさんつける。非常に環境適応能力が高いため、アメリカでは危険種とされている。こちらは冬期落葉する。

メラレウカ *Melaleuca*

▶P26、28、35、48、51

メディカルティーツリー／レボリューションゴールド／スノーインサマー／
タイムハニーマータル／ブラックティーツリー

別名　コバノブラシノキ
科・属名
フトモモ科 メラレウカ属
（コバノブラシノキ属）
原産地　オーストラリア
樹高　1〜10m
日当たり　☀☁
耐寒性　❄❄
生活　fresh、dry

特徴

140種類ほどあり、1種を除き全てオーストラリア産の常緑性小高木や低木。ティーツリーというとレプトスペルマム属のものもあるが精油がとれるのは本種になる。日当たりと水はけの良いところを好む。乾燥に強そうだが、水を非常に好むため、特に植えつけ直後や冬から春にかけての乾燥期、鉢植えでの水やりには注意が必要。水が切れると葉が落ち、枯れ込む。

育て方のポイント

目立った病害虫もなく、全般的に丈夫で育てやすいので、常緑性のメインツリーとしては初心者にもおすすめ。耐湿性・耐潮性・耐暑性もあるので活用範囲は広い。他のオーストラリア系樹木同様に肥料は控えめにする。刈り込みや強剪定も行えるので、狭いスペースなら花後に、強めにカットすると良い。水持ちが良いので切り枝やドライフラワーにも向いている。

メディカルティーツリー
M. alternifolia
樹高5〜6m。葉には芳香成分が含まれ、精油の原料になる。

**レボリューション
ゴールド**
M. bracteata
'Revolution gold'
樹高4〜5m。記載した他の品種よりもやや寒さに弱いので冬期寒風に当たらない場所の植栽が望ましい。花は白い。

スノーインサマー
M. linariifolia
樹高5〜10m。幹や樹冠がメディカルティーツリーによく似ているが、葉を比べると、幅の広い面状になっている。初夏に爽やかな芳香のある白い花が咲く。

タイムハニーマータル
M. thymifolia
樹高1m前後。花期が比較的長く生長も遅い。

ブラックティーツリー
M. bracteata
初夏に白い花が咲き、冬期気温が下がると葉色が銅葉になる。上方に大きくなるので、強めの剪定が必要。

ユーカリ *Eucalyptus* ▶P50、51

ポポラス／リバーレッドガム／
グニー／スピニングガム

ポポラス
E. polyanthemos
樹高15〜25m

リバーレッドガム
E. camaldulensis
樹高15〜30m

グニー
E. gunnii
樹高9〜20m

科・属名	フトモモ科 ユーカリ属
原産地	オーストラリア、ニュージーランド
樹高	5〜30m
日当たり	☀️⛅
耐寒性	❄️❄️❄️
生活	fresh、dry

スピニングガム
E. perriniana
樹高6〜9m

特徴

世界に600種類ほどあり、灰緑色の葉が美しものが多く、建築材としても利用されている。葉にはシネオールという精油成分を多く含み、スッとする芳香があって、アロマにも活用されている。スピニングガムやグニーのように、小さい幼葉時には葉の形が丸いが、成葉になると細長い形状に変わってしまうものが多い。そのため、春に株元で切り戻したり（コピシング）、幹の途中で切り戻したり（ポラード）して新しい枝を吹かし、木の大きさや葉の形を維持する剪定方法も行われる。

育て方のポイント

生長が非常に早く、放任すると家庭では維持が難しいため、春先に前述の剪定方法や強剪定を行い、サイズをコントロールする必要がある。大きさを維持するには、鉢植えのほうが管理がしやすいが、コガネムシ（p205参照）の幼虫が鉢内で繁殖することも多く、葉の状態が悪くなったり、枯れ込んできた場合は、土の中を掘り、虫が出てきたら捕殺するか薬剤で処理する。

ユズ *Citrus junos*、*Citrus hanayu*

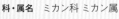

▶P40

科・属名	ミカン科 ミカン属
原産地	中国（ハナユズは不明）
樹高	2~3m
日当たり	☀ ⛅
耐寒性	❄ ❄ ❄
生活	eat & drink

特徴・育て方のポイント

柑橘系の中ではもっとも耐寒性があり、東北地方まで分布している。日本には奈良・飛鳥時代頃に渡来したと推定されている。ユズというと本来はホンユズを指し、ハナユズは別種になるが、ハナユズも一才ユズやハナユ、単にユズとしても流通している。ホンユズは樹勢が強く3m前後になり、刺や実も大きく、香りも強い。ハナユズは2m程度にしかならず、刺も小さいので扱いやすく、木が小さいうちから実がつく。日向が望ましいが、半日程度の日差しでも十分に育ち、病害虫も少ない。初夏に白い芳香のある花が咲き、11~12月の収穫期まで実がなる姿も観賞できるので、初心者にはおすすめの果樹。

レプトスペルマム カッパーグロー
Leptospermum polygalifolium 'Copper grow'

科・属名	
	フトモモ科 レプトスペルマム属
原産地	ニュージーランド
樹高	3~5m
日当たり	☀ ⛅
耐寒性	❄ ❄
生活	fresh、dry

特徴・育て方のポイント

ギョリュウバイ（p101）の仲間で、枝垂れ性でないが、柔らかい枝先や葉は垂れ下がる。初夏に1~2cmほどの白い花が咲き、蜜を多く含んでいるためミツバチの蜜源にもなる。土壌も比較的選ばず、生育も旺盛で丈夫。気温が下がると葉が銅(copper)葉になるため、この名前がついた。日当たりが良いほうが銅葉の色合いが強く濃くなる。刈り込みもできるのでボリュームのある生け垣としての使用もできるが、刈り込み続けるともっさりとしてくるため、シンボルツリーとして使う場合は主幹を立て、中枝を透かすように仕立てると良い。樹高もそれほど高くならないため、狭小スペースにもおすすめ。切り花やドライフラワーとしても使える。

レモン *Citrus limon*

▶P60

科・属名　ミカン科 ミカン属
原産地　インド北東部
樹高　2〜4m
日当たり　☀
耐寒性　❄❄
生活　eat & drink

特徴・育て方のポイント

全般に寒さに弱いので、日当たりが良く、寒風が当たらない場所が良い。厳寒期でも−3度以上の気温が望ましい。鉢植えにも向き、1本でも実はなる。生育期にはアゲハ蝶の幼虫やハモグリバエ、風通しが悪いとカイガラムシ(p204参照)もつきやすいが、性質は丈夫。以下品種紹介。リスボン(*C. limon* 'Lisbon')/上方に伸びやすく大型になる。寒さにも強いが刺が多い。ユーレカ(*C. limon* cv. Eureka)/開帳性で寒さにはやや弱いが、レモンの品質は良いとされている。ビアフランカ(*C. × limon* 'Villa Franca')/小さい刺はあるが刺なしレモンとして流通している。上方に伸びやすい。マイヤーレモン(*C. × meyeri*)/オレンジとの交配種で寒さに強いほうだが、露地植えでは小さいうちは冬期養生が必要。収穫量が多く、皮も食べられる。

レモンティーツリー *Leptospermum petersonii*

▶P22、57

科・属名　フトモモ科 レプトスペルマム属
原産地　ニュージーランド
樹高　3〜4m
日当たり　☀ ⛅
耐寒性　❄❄
生活　fresh、dry

特徴・育て方のポイント

レプトスペルマム カッパーグロー(p86)やギョリュウバイ(p101)と同属で、唯一精油が抽出できる品種。葉はレモンの強い芳香成分が含まれており、葉に触れると爽やかなレモンの香りがする。シルバーティーツリー(p77)などと同様、初夏に1cmほどの白い花が咲く。3〜4m程度とそれほど大きくならないため、狭小スペースのメインツリーとしても向いている。前述の2種よりもやや耐寒性が劣るので、寒風や厳寒期の植え込みは注意が必要。生長は比較的早いが、それほど暴れないので管理もしやすい。入植者が葉をお茶がわりに利用したことからティーツリーと呼ばれるようになったと言われている。

column

植物と楽しく暮らす **2**

飾る

庭やベランダで咲いた花を切り花として室内に飾ることも、
植物を育てる楽しみの一つです。
ここでは、切り花として飾る際のポイントや長期間楽しむため
ドライフラワーにするポイントなどを紹介します。

切り花として
長く持たせるポイント1

花瓶などに生ける際に行うポイントの一つが「水切り」です。水を吸い上げる道管に空気が入らないように、よく切れるハサミやナイフで水の中で茎を切ります。また、気温が高くなり水が腐りやすくなる季節は、花器の水も毎日変えることで、雑菌の繁殖を抑え、水の吸い上げも良くなります。数日に1回、茎の根元の2〜3cmを切って挿し直すのも花を持たせるポイントです。

独特の辛みがあるハーブとして知られるルッコラの花。かたくなるので本来は花茎が上がらないうちに葉を収穫して食べるのですが、クリーム色の花も魅力的です。

How to make

カットした花は、生ける花器の大きさに合わせて茎の長さを確認します。

→

長さを見ながら水がつかる部分の葉をできるだけ落とします。

→

水を吸い上げる部分の表面積を大きくするため、水を張った容器の中で茎をできるだけ斜めに切ります。

↓

水の中で切った花を花器に生けます。庭で育った花は、ざっくりとラフに生けても動きがあり、室内が華やぎます。

根も見せる

シソ科のセージ類やミント類など、種類によっては水に挿しておくだけで発根してくるものがあります。根が出ると長期間にわたって楽しめ、透明のガラスの器を使えば、普段目にすることのできない、植物の根の生長や美しさ、生命力も感じることができます。

モヒート用のキューバミント。葉も伸び始めている。

水に挿してから10日ほどの様子。

切り花として長く持たせるポイント2

木質化しているものなど水を吸わず、すぐに萎れてしまうものや、元気がなくなってしまったものの水の吸い上げを促す方法があります。紙に包んで深い水に浸したり、切り口を割ったり、根元を熱するなど、どれか一つでも効果があるので是非試してみてください。

How to make

大きくなりすぎたアカシア テレサ(p69)をカットしたもの。剪定枝も捨てずに室内に飾れば立派な枝物になります。

↓

生ける花器に合わせ茎の長さを切り、水につかる部分の葉を取り除きます。

↓

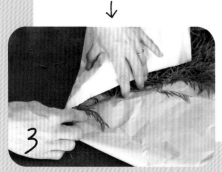

新聞紙などの紙で、枝葉全体を覆うように巻きます。柔らかい茎のものも、この状態で水切りし、茎全体の1/3くらいの深い水に浸しておくのも有効です。

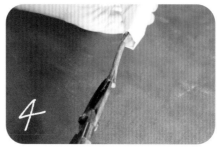

茎の根本の部分を縦に割ります。太いものは十字にし、水を吸う部分の表面積を増やします。茎を熱しない場合は、そのまま深めの水に浸します。

↓

火で切り口を20〜30秒炙ったり、80度以上のお湯に同じくらいつけます。茎がかたいものや木質化しているものに有効で、かたくないものにはあまり向かないので、この工程は飛ばします。

茎を熱したものはすぐに深めの水に浸し2〜3時間おきます。水が吸い上がったら花器に生けます。

ドライフラワーづくりのポイント

フレッシュなものをそのまま飾るのも良いですが、剪定で出た枝やたくさん咲いている花をドライフラワーにするのもおすすめです。適した品種だと長期間楽しめ、リースやスワッグなどにアレンジすることもできます。つくる際のポイントを紹介します。

ギンドロヤナギ

 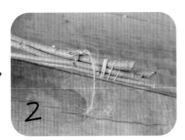 

長さを調整しながらカットし、束ねる部分の葉や枝を取り除きます。多すぎると中の部分が乾きにくく、カビたり黒ずんだりするので、少なめが基本です。

種類によっては、乾くと茎が細くなり落ちてしまうので、ゴムを使って束ねます。日が当たらない風通しの良いところに吊るします。

コモンセージ (p116)

セージに限らず、タイムやローズマリーなどはキッチンに吊るしておくと、料理にもすぐに使えておすすめです。

束ねるところの葉を取り除き、ゴムで束ねます。3〜4日経つとボリュームも半分以下になります。

ミドル＆スモール

低木・草本類・地被類（約2m以下）

大きく育てればメインツリーになるようなタイプも含まれますが、
主にメインツリーよりも小さく、植栽帯の骨格を担う低木類や
高さがあまり出ないグランドカバーのカテゴリーです。

アカンサス モリス *Acanthus mollis*

タスマニアンエンジェル
▶P10、13

タスマニアンエンジェル
A. mollis 'Tasmanian Angel'

和名 ハアザミ（葉薊）

科・属名
キツネノマゴ科
ハアザミ属（アカンサス属）

原産地 ヨーロッパ南部、
北アフリカ、西南アジア

草丈・樹高 60cm〜1.5m

日当たり ☁️

耐寒性 ❄️ ❄️ ❄️

特徴

アカンサスは世界で50種類ほどあり、木質化するものもあるが、本種は常緑多年草で大型化する代表種。日本へは明治の末期に渡来。葉の形が美しく、古くはギリシャ時代から生命力を象徴する植物とみなされている。ヨーロッパを中心にインドや中国など世界各地で文様として、建築や彫刻、壁画、陶器などさまざまに用いられている。夏に50〜80cmほどの花茎が立ち上がり、白い花弁と紫のガクを持った花を穂状につける。1株でも非常に存在感がある。

育て方のポイント

大きく育つため最低でも1㎡以上のスペースは確保したい。砂質土壌を好み、夏場に日差しが強いと葉が垂れるので、日が多少陰る環境のほうがきれいに育つ。耐寒性はあるが寒冷地では冬期落葉する。また鉢植えでは夏に葉が落ち、休眠する。きれいな白い斑入り種のタスマニアンエンジェルや、葉の切れ込みが深くやや小型のスピノサス（*A. spinosus*）という品種もある。スペースがない場合は葉の間引きが必要になるが、広ければほとんど手がかからず、丈夫で目立った病虫害もない。

クイーンマム
A. praecox ssp. orientalis
'Queen Mum'

アフリカヌス
A. africanus

アガパンサス *Agapanthus*

クイーンマム／アフリカヌス
▶P12、31、57

別名　ムラサキクンシラン
科・属名　ヒガンバナ科 アガパンサス属
原産地　南アフリカ
草丈　30cm〜1.5m
日当たり　☀☁
耐寒性　❄❄
生活　fresh

特徴・育て方のポイント

20種類ほどあり、プラエコックス オリエンタリス(A. praecox ssp. orientalis)の系統からの園芸品種が多く、日本では常緑性の葉が大きなタイプと、落葉性の小型種の流通が主になっている。多肉状で太い根を持ち、初夏から夏にかけて紫や白、混色の花を咲かせる一季咲きだが、秋にも開花する二季咲きのブルーヘブン(A. 'Blue Heaven')という品種もある。非常に強健で、病虫害もほとんどなく、暑さにも強い。日当たりが悪いと花付きは悪くなるが、乾燥にも強いので軒下への植え込みにも重宝する。もっとも手間がかからない多年草の一つとしておすすめ。株が増えすぎた場合は、春に株分けで整理すると良い。

アステリア *Astelia*

レッドデビル／
シルバーシャドウ　▶P23

レッドデビル
A. nivicola 'Son of Red Devil'

科・属名　アステリア科 アステリア属
原産地　ニュージーランド
草丈　30〜90cm
日当たり　☀☁
耐寒性　❄❄

シルバーシャドウ
A. nervosa 'Silver shadow'

特徴・育て方のポイント

剣のような光沢のある独特の葉を持っており、葉色が茶系のウエストランド(A.×nervosa 'Westland')やシルバー系のシルバーシャドウ、赤系のレッドデビルなどの品種がある。高温にも耐性はあるものの、夏期の強い日差しや高温多湿には弱いので、夏場には遮光され、風通しの良いようなところが望ましい。原産地では着生植物としても生長するため乾燥には強いが、過湿土壌は嫌うため、適度な湿り気を持つ、水はけの良い土壌が理想的。耐潮性もあり、沿岸地域での植栽にも向く。鉢でラベンダーやサルビアなどと寄せ植えにしても相性が良い。

スプレンゲリー
A. densiflorus 'Sprengeri'
別名 スギノハカズラ

アスパラガス *Asparagus densiflorus*

スプレンゲリー／メイリー／マコワニー
▶P31

マコワニー
A. macowanii

メイリー
A. densiflorus 'Myers'

科・属名
キジカクシ科 （クサスギカズラ科）
アスパラガス属
原産地 アフリカ
草丈 30cm～2m
日当たり ☀☁☁
耐寒性 ❄❄
生活 fresh

特徴

世界で300種あると言われ、日本にもクサスギカズラ (*A. cochinchinensis*) 他4種が自生している。メイリーは高さが50～60cmほどの枝を円筒形に密生させ、横に広がり群生する。マコワニーは木質化して高さも1m以上になり、切り花としては、ミリオクラダスと呼ばれている。スプレンゲリーは3種の中ではもっとも寒さに強く、耐陰性にも優れる。下垂するので立ち上がった花壇や吊り鉢などにも向き、安定するとツル状に1.5m以上枝が伸びる。

育て方のポイント

根が紡錘形の貯蔵根となるものが多いため、丈夫で乾燥にも強い。一般的には観葉植物として流通しているが、都内や関東南部以西の沿岸は地植えでも扱える。夏に白い香りのある花が咲き、その後赤い実をつける。3種とも刈り込みもでき、目立った病虫害もないので、日当たりの良くないスペースでは安定したグリーンの下草として力を発揮する。冬期寒さに当たると葉が白くなってしまうが、株が枯れていなければ白い枝葉を取り除くだけで良い。

アデク *Syzygium buxifolium*

▶P47

科・属名 フトモモ科 フトモモ属
原産地 中国南部、台湾、
日本（九州南部および沖縄）などの亜熱帯
樹高 3〜10m
日当たり ☀☁
耐寒性 ❄❄
生活 eat & drink

特徴・育て方のポイント

自生地では高木としてかなり大きくなるが、関東圏ではそれほど高くならず、横に葉張りが出る。学名の *buxifolium* はボックスウッド（セイヨウツゲ）の葉に似ていることから。初夏から夏にクリーム色の花が咲き、その後、食用になる5〜10mm前後の黒い実をつける。新芽は薄い赤みを帯び、ツゲのような細かい葉が密につく。列植して目隠し用の生け垣などに向いているが、1本で仕立て、ボリュームのある目隠し用樹木としても活用できる。風通しが悪いとアブラムシ（p205参照）がつき、スス病を誘発する場合がある。

アベリア *Abelia × grandiflora*

別名 ハナツクバネウツギ、
ハナゾノツクバネウツギ
科・属名 スイカズラ科
ツクバネウツギ属（アベリア属）
原産地 中国
樹高 1〜2m
日当たり ☀☁
耐寒性 ❄❄❄
生活 fresh

特徴・育て方のポイント

一般的にアベリアというと本種を指す。庭では骨格的に使ったり、生け垣に利用したりできる。性質は強健で、乾燥にも強く、移植も容易。目立った病気や害虫被害もほとんどない。耐寒性は強いが、寒冷地では葉を落とす。株元から強い新枝が伸び、やや暴れるので刈り込んで整える。花期は初夏から秋口までと長く、芳香のある白い花をつける。寒さにはやや弱いが、大きさが70〜100cm前後でおさまるコンパクトなタイプも多い。季節で色変わりする黄斑のカレイドスコープ（*A. × grandiflora* 'Kaleidscope'）や、クリーム色斑入り種のコンフェッティ（*A. × grandiflora* 'Confetti'）なども、手がかからず初心者にはおすすめ。

イタリアンルスカス *Danae racemosa*

別名
ダナエ、ササバルスカス、ホソバルスカス
科・属名
キジカクシ科（クサスギカズラ科）ダナエ属
原産地　イラン北部〜小アジア
草丈・樹高　50cm〜1.5m
日当たり ⛅☁
耐寒性 ❄ ❄
生活　fresh

特徴・育て方のポイント

生花店では、メジャーなグリーンリーフとして流通している。ルスカス（*Ruscus hypophyllum*）と似ているが分類としては別種になり、アスパラガス（p95）の仲間に近い。湿り気のある水はけの良い土壌を好む。性質は強健で、特に耐陰性が強い。ボリューム感は出にくくなるが、日照条件が難しい立地でも応えてくれる。逆に日差しが強すぎると、葉焼けを起こすので半日陰が望ましい。初夏に目立たない花をつけ、その後オレンジ色の実をつける。食用にはならないが、かなり目立つので観賞価値は高い。目立った病害虫もなく、コンパクトなので、アスパラガス類と同様、日陰での安定感のあるグリーンとして取り入れたい。

イベリス センペルビレンス *Iberis sempervirens*

▶P22

別名　トキワナズナ、トキワマガリバナ
科・属名　アブラナ科 イベリス属（マガリバナ属）
原産地　南ヨーロッパ、西アジア
草丈・樹高　20〜50cm
日当たり ☀⛅
耐寒性 ❄ ❄ ❄

特徴・育て方のポイント

イベリスは一年草や多年草などもあるが、本種は半低木状となる多年草タイプ。4〜5月頃に白い花が咲き、花期も比較的長い。寒さには強いが、高温多湿での蒸れで傷むため、立ち上がった花壇や鉢植えなど、日当たりと水はけの良い場所に植えると良い。生長するとやや下垂し、こんもりとまとまりながら伸びるので、剪定などはあまり必要ない。日当たりが悪いと花付きが悪くなる。植栽帯なら中低木の株元など、グランドカバーとして使うと良い。日本には1930年頃渡来し、斑入り種や八重咲き種などもある。

イリシウム フロリダサンシャイン
Illicium parviflorum 'Florida Sunshine'

科・属名 マツブサ（シキミ）科 シキミ属
原産地 北アメリカ
草丈・樹高 1〜2m
日当たり ☁☁
耐寒性 ❄❄❄

特徴・育て方のポイント

暗くなりがちな日当たりの悪い、狭いスペースに最適な明るい黄緑色の葉を持つ常緑低木。日本のシキミの仲間。生長も緩やかで暴れず、こんもりとコンパクトに茂る。葉色は秋になると黄みが増し、冬になると白みを帯びた黄色に変化する。夏にクリーム色の目立たない花が咲く。実がアニスシード（香辛料の八角）になる

トウシキミと同じ仲間なので、葉を叩いたり傷つけたりするとアニスの香りがする。目立った病気や害虫もなく、メンテナンスが非常に楽な品種。耐寒性も−10度くらいまであり、日向よりも半日陰の湿り気のある土壌を好む。剪定は春の新芽が出る前に行うと良い。枝葉や実は有毒なので取り扱いに注意。

ウエストリンギア *Westringia fruticosa*

斑入り種／白花種 ▶P25、26、35、54、55、57、59、60

斑入り種

白花種

別名 オーストラリアンローズマリー
科・属名 シソ科 ウエストリンギア属
原産地 オーストラリア東海岸
草丈・樹高 40cm〜2m
日当たり ☀☁
耐寒性 ❄❄

特徴・育て方のポイント

ローズマリー（p137）に似た、針状の灰緑色の葉を持つ常緑低木。シルバー色や淡い黄色の斑入り種もある。白や紫の小さい涼しげな花をぽつぽつと長期間咲かせる。細い枝葉がこんもりと茂るため、非常に使いやすい。日向を好むが、明るい日陰でも適応する。耐潮性もあるので、沿岸部での植栽にも向く。もともと荒れ地や砂地、礫の多い土地に育つため、水はけの良い土壌を好む。白花種のほうがコンパクトに育つので、管理しやすい。葉がシルバー系のタイプは特に夏場に蒸れやすいので、風通しの良い場所が望ましい。環境にもよるが寿命は長くない場合も多い。

オレガノ ヘレンハウゼン *Origanum laevigatum* 'Herrenhausen'

別名　オレガナム ラエヴィガツム ヘレンハウゼン
科・属名　シソ科 ハナハッカ属(オリガナム属)
原産地　トルコ(原種)
草丈　30〜60cm
日当たり　☀ ⛅ ☁
耐寒性　❄ ❄ ❄
生活　fresh、dry、eat & drink

特徴・育て方のポイント

オレガノ類は地中海から東アジアに分布しており、料理に使われるのはオレガノまたはワイルドマジョラム (O. vulgare) と呼ばれるでもので、葉の香りが良く、地下茎で広がる生育旺盛な品種。本種は観賞用の園芸品種で香りは少ない。水はけが良く日当たりの良い立地を好み、耐寒性、耐暑性もあるため日本でも比較的育てやすい。冬期に全草が赤紫色に色づき美しい。春に茎が立ち上がり、初夏から夏にかけて濃赤紫の蕾から紅藤色の花を長期間つける。ドライフラワーや切り花にも向いている。

カークリコ *Curculigo latifolia*

別名　カークリゴ、
クルグリコ、パームグラス
科・属名
キンバイザサ科
クルクリゴ属
原産地　マレーシア、
中国南部
草丈・樹高　1〜1.5m
日当たり　⛅ ☁
耐寒性　❄
生活　fresh、dry

特徴・育て方のポイント

アジアの熱帯地域に広がる常緑多年草。ココヤシの葉に似た大型の筋の入った葉が魅力で、生け花によく使われている。株元に黄色い花を咲かせ、その後甘い実をつける。実にはクルクリンというたんぱく質が含まれ、ミラクルフルーツと同じように、実を食べたあとに酸味のあるものを食べると甘く感じ、水も同様に甘みを感じるという不思議な効果がある。高さが出ず地下茎でゆっくり広がり、耐陰性も強いため、中庭や日当たりの悪い立地で活躍する。−1〜−2度くらいの耐寒性はあるが、寒風が当たるような場所を避け、軒下や暖かいところが望ましい。

カラー　*Zantedeschia aethiopica*

別名　オランダカイウ
科・属名　サトイモ科 ザンテデスキア属（オランダカイウ属）
原産地　南アフリカ
草丈・樹高　50cm〜1m
日当たり　⛅
耐寒性　❄❄
生活　fresh

特徴・育て方のポイント

切り花でもメジャーで、漏斗形の仏炎苞と呼ばれる白い部分が花のように見え、大きな濃緑葉とのコントラストが美しい。肥大した地下茎（塊茎）を持ち、球根類に分類される常緑多年草。カラーは湿地性のものもあるが、本種は水はけの良い畑地でよく生育し、育てやすい。高温期に過度の多湿状態になると細菌性の軟腐病が出るので、雨があまりかからないような明るい軒下や風通しの良い場所が向いている。日照が強いと葉焼けを起こすので半日陰くらいの立地が良く、北側道路に面した場所や夏の日差しが直接当たらないような場所が望ましい。耐寒性はあるが寒さが厳しいと上部は枯れ、春に新芽が伸びる。

カラスバセンリョウ　*Sarcandra glabra (Chloranthus glaber)*

科・属名　センリョウ科 センリョウ属
原産地　日本（本州中部以西から沖縄）、台湾、中国
草丈・樹高　50〜80cm
日当たり　⛅☁
耐寒性　❄❄❄
生活　fresh

特徴・育て方のポイント

正月の花材として昔から親しまれ、日本にも自生するセンリョウの黒葉タイプ。新芽が特に色が強く、徐々に茶緑色になる。日差しが強いと色が葉焼けしたり、色が悪くなるので、半日陰が向いているが、著しく日当たりが悪いと花芽を持たなくなり、樹形が悪くなる。夏に小さな赤い花が咲き、その後赤い実をつける。独特の葉色で半日陰から日陰に向くカラーリーフとして、濃緑色の植物と対比させると良い。地際から枝が伸び、こんもりと茂るのであまり剪定は必要ないが、茂りすぎると株元の葉が落ち見映えが悪くなるので、実がついたものは根元から切り戻し、新芽を伸ばす剪定を行う。

アルバ N. oleander 'Alba'

キョウチクトウ *Nerium oleander* var. *indicum*

アルバ／ペチートサーモン

▶P29

ペチートサーモン
N. oleander
'Petite Salmon'

科・属名	キョウチクトウ科 キョウチクトウ属
原産地	地中海沿岸、西アジア、インド
草丈・樹高	1〜5m
日当たり	☁☁
耐寒性	❄❄❄

特徴・育て方のポイント

日本へは江戸時代に渡来しており、大気汚染への耐性があるため現代では街路樹として多く用いられている。非常に丈夫で耐潮性もあるので、海岸沿いでの使用も多い。セイヨウキョウチクトウ (*N. oleander*) の変種がキョウチクトウとされることが多く、明確な違いを判断するのは難しい。改良品種も多数あり、白やピンク、赤、黄、橙色などの花色の他、八重咲き種や斑入り種もある。花期は6〜9月と長い。寒さにはやや弱い。ペチートサーモンなどの矮性種は、大きくならないのでメンテナンスもほとんどいらず、おすすめ。全草に毒性がある。

ギョリュウバイ *Leptospermum scoparium*

特徴・育て方のポイント

ギョリュウバイとして流通しているのはレプトスペルマム スコパリウムになる。英名ではティーツリーと呼ばれており、ニュージーランドへの初期の移住者がお茶として用いたことに由来する。高木クラスになるものもあるが、1〜2m程度で維持できるものが多く、葉色もグレーがかったものや銅葉種もあり使いやすい。花期は品種により異なり、冬から春にかけて白、赤、ピンクの小さい梅に似た花が咲く。日向を好むが、真夏の高温多湿に弱いので、少し遮光された風通しの良い環境が望ましい。花付きは悪くなるが半日陰の日照でも生育する。水はけが良く、水持ちの良い土壌を好むので、水切れには注意が必要。

別名	マヌカ、ニュージーランドティーツリー
科・属名	フトモモ科 レプトスペルマム属
原産地	オーストラリア東部、ニュージーランド
草丈・樹高	50cm〜3m
日当たり	☀☁☁
耐寒性	❄❄
生活	fresh

ギンバイカ　*Myrtus communis*

▶P63

別名　マートル、イワイノキ
科・属名　フトモモ科 ギンバイカ属
原産地　地中海沿岸
草丈・樹高　1.5～3m
日当たり　☀️☁️
耐寒性　❄️❄️
生活　fresh, dry, eat & drink

特徴・育て方のポイント

光沢のある常緑性の葉と枝葉に強い香りがあり、ギリシャ時代からハーブとして多く利用されている。アカンサス（p93）とともに文様にもなっている。初夏に白い花が咲き、その後黒い実をつける。実をお酒に漬けたり、肉料理の香りづけなどに枝葉を利用したりできる。日向を好むが、半日弱の日照条件下でも生育する。列植した生け垣、庭の骨格となる部分に1本で使う方法がおすすめ。植えつけ間もない頃は、冬期にやや葉を落とす。斑入り種や葉が小さい種もあり、鉢植えにも向く。軒下のような雨がかからない場所ではハダニが発生しやすい。

クリスマスローズ　*Helleborus*

オリエンタリス　▶P35、53

オリエンタリス　*H. orientalis*

別名　レンテンローズ、ヘレボルス
科・属名　キンポウゲ科 ヘレボルス属
原産地　ギリシア、トルコ
草丈・樹高　30～80cm
日当たり　☁️☁️
耐寒性　❄️❄️❄️
生活　fresh

特徴・育て方のポイント

クリスマスローズとは本来、クリスマスの頃に咲くヘレボルス ニゲル（H. niger）のことだが、日本ではどちらも同じように呼ばれ、むしろ本種のほうが一般的になっており、花期も初春と遅い。園芸品種も多く、白やピンク、アプリコット、黒、黄緑色など花色も豊富。寒さに強く非常に丈夫で、目立った病虫害もない。日当たりがあまり良くない立地でも、かわいらしい花をつける貴重な存在。特に剪定も必要ないが、秋口に傷んだ葉を取り除いておくと、冬に咲く花をきれいに見られる。立地が良いとこぼれ種でも増える。全草に毒性があり、皮膚の弱い人は扱いに注意が必要。

ゲッキツ *Murraya paniculata*

別名　シルクジャスミン
科・属名　ミカン科 ゲッキツ属
原産地　インド、マレーシア、中国南部、
フィリピン、台湾、日本（琉球諸島）
草丈・樹高　1〜2m
日当たり　☁☁
耐寒性　❄❄
生活　fresh

特徴・育て方のポイント

観葉植物として昔から流通しており、近年の温暖化で都心でも露地植えで扱えるようになってきている。耐陰性は強いが、寒さには弱いので冬に北風が強く当たるようなところは避ける。熱帯性の利点を生かし、風通しや日当たりが悪い壁に囲まれたような中庭、軒下などでボリューム感のあるグリーンとして活用できる。適度に日が当たれば、初夏に甘い香りを放つ白い花が咲き、その後赤い実をつける。丈夫で目立った病虫害もなく、生長も遅いので、飛び出した枝先を詰める程度の剪定で良く、管理もしやすい。

ゲットウ *Alpinia zerumbet*

別名　サンニン、サニン
科・属名　ショウガ科 ハナミョウガ属
原産地　インド
草丈・樹高　1〜3m
日当たり　☁☁
耐寒性　❄
生活　fresh、eat & drink

特徴・育て方のポイント

独特の芳香がある葉で食物を包んだり蒸し料理にしたり、お茶としても活用されている。実や根茎は漢方でも扱われ、胃腸系に効能があると言われる。初夏から夏にかけて、長さ20cmほどのクリームに朱が入った房状の花をつける。耐陰性は強いが寒さには弱いので、冬期に寒風の当たるところは避ける。露地植えの場合、株が大きくなるので、適度に間引く管理が必要だが目立った病虫害はない。鉢植えのほうが管理はしやすい。冬期に気温が下がると葉が黄色くなったり、上部が枯れる。花付きは悪いが黄色の斑が入るキフゲットウ（*A. zerumbet* 'variegata'）もあり、鉢植え向き。

グレビレア *Grevillea* ▶P15、21、22、52、57

プーリンダピーター／ロスマリニフォリア ルテア／ゴールデンユーロ／ジョンエバンス／
エレガンス／エンドリチェリアナ／ラニゲラ／プーリンダ イルミナ

別名　シノブノキ、
　　　ハゴロモノキ
科・属名　ヤマモガシ科
　　　グレビレア属
原産地　オーストラリア、
　　　ニューカレドニア
草丈・樹高　50cm～4m
日当たり　☀
耐寒性　❄❄❄
生活　fresh、dry

特徴

オーストラリアを中心に約250種が知られており、ブッシュ系の低木が多いが、他にも枝垂れるタイプや高木などさまざまな品種があり、大きさや耐寒性も異なる。グレビレアという学名は英国王立園芸協会(RHS)創始者のグレヴィルにちなんでつけられた。エキゾチックな色の花弁がない独特の花姿を持ち、葉の形状や色合いも魅力。耐潮性もある。地植えにするとボリューム感が出て、庭の中でもしっかりした骨格になるため、品種によっては大きくしてメインツリーとしても活用できる。目立った病虫害はなく育てやすいが、寒さと水やりに注意が必要。

育て方のポイント

多湿を嫌う反面、乾燥に弱く、水切れが命取りになるので、鉢植えの場合は水はけの良い用土に植え、特に水切れに注意する。株が小さいうちは、葉が面状になっているタイプのものは冬期に寒風が強く当たると傷むことも多いので、寒冷紗などで覆うと良い。バンクシア(p81)と同様、クラスター根と呼ばれるリン酸分を効率的に吸収する仕組みがある。そのため、リン酸分の多い肥料を施すと生育不良を起こすので、肥料は少なめに。小さく維持するなら、剪定は花後に行うと良い。

プーリンダ ピーター
G. 'Poorinda peter'
草丈、幅とも3mくらい。耐寒性は−8度前後までで非常に強健。

ロスマリニフォリア ルテア
G. rosmarinifolia 'Lutea'
草丈、幅とも2mくらい。耐寒性は強い。

ゴールデンユーロ　G. 'Golden Yu-Lo'
草丈、幅とも3mくらい。耐寒性は−5度前後。

ジョンエバンス

ロスマリニフォリア

ジョンエバンス
G. 'John evans'
草丈、幅とも2mくらい。耐寒性は−5度前後。

エレガンス
G. **'Elegance'**
樹高、幅とも3mくらい。
耐寒性は−5度前後。

エンドリチェリアナ
G. **'Endlicheriana'**
樹高、幅とも2mくらい。
耐寒性は−5度前後。

ラニゲラ
G. lanigera
草丈50cm、幅1mくらい。
耐寒性は−5度前後。

プーリンダ イルミナ
G. **'Poorinda illumina'**
草丈、幅とも1mくらい。
耐寒性は−5度前後。

グラウコフィラス　*C. glaucophyllus*

コトネアスター *Cotoneaster*

グラウコフィラス／フランケッティ
▶P50、52

フランケッティ（フランシェティ）
C. franchetii

別名　ベニシタン
科・属名
　バラ科 コトネアスター属
　（シャリントウ属）
原産地　中国、ヒマラヤ
草丈・樹高　20cm〜3m
日当たり ☀ ⛅
耐寒性 ❄ ❄ ❄
生活　fresh

特徴

低木を中心とした常緑、落葉種で50種類ほどあり、日本にも数種類流通している。ブッシュ状の葉色や秋にたくさんなる赤い実が魅力になっている。日本では半常緑性で匍匐タイプのベニシタン（*C. horizontalis*）が明治初期に導入され、実付きの良さからグランドカバーや鉢植えなどでもっとも普及している品種。グラウコフィラスは比較的密な状態で1m程度にこんもりと茂るタイプで、他にはない濃灰緑の色合いが美しく、植栽帯でのグリーンのコントラストを楽しめる。フランケッティもやや灰色がかかり、2m前後の高さも出るので庭の中の骨格や生け垣として活用できる。

育て方のポイント

基本的には冷涼な気候を好み、日当たりが良く、水はけの良い土壌が理想だが、高温下の多湿さえ注意すれば、活用範囲は広い。実の量は減るが半日陰でも問題なく生育する。どちらも丈夫で目立った病虫害もなく、形を整えるために刈り込んだり、枝先を詰めていく程度で良く、派手さはないが安定感のあるグリーンとして活用できる。鉢植えの場合は、堆肥などを混ぜた砂壌土や赤玉土に植えると良い。

コロキア コトネアスター *Corokia cotoneaster*

▶P51

科・属名
ミズキ科（アルゴフィルム科）コロキア属
原産地 ニュージーランド
草丈・樹高 1〜2m
日当たり ☀☁
耐寒性 ❄❄❄
生活 fresh

特徴・育て方のポイント

葉が小さく、新梢の茎と裏葉が黒灰色のため、全体がくすんだ灰緑色に見え、落ち着きのある魅力的なグリーンとして活用できる。刺すほどではない刺状の細い曲がりくねった茎が特徴的な低木で、初夏に星形の小さな黄色い花をつける。生長も緩やかで管理もしやすい。地味だが植栽帯の中にあると、異彩を放つ。日向を好むが半日陰でも十分生長し、目立った病虫害もなく、鉢植えでも管理しやすい。アルカリ性土壌を好むので石灰分を補った水はけの良い土壌に植えると良い。剪定は、適度に間引いたり枝先をつまむ程度で、大きくなったら刈り込んでも良い。コロキアの別種ヴィルガタには、葉が大きなものや冬期紅葉する品種もある。

ゴンフォスティグマ *Gomphostigma virgatum*

科・属名
フジウツギ科 ゴンフォスティグマ属
原産地 南アフリカ
草丈・樹高 1〜2m
日当たり ☀
耐寒性 ❄❄❄
生活 fresh

特徴・育て方のポイント

枝垂れるように枝を伸ばすシルバーリーフの低木。本来、流れのある川沿いに生える湿地性だが、根付けば畑地でも問題なく生育する。常緑性で耐寒性が強く、関東北部でも露地栽培で越冬する。初夏から夏に小さな白い花をつける。耐潮性もあるので沿岸でも活用できる。生長が早く、放任すると乱れて茂り、株元が蒸れるので、大きくする場合は中部が蒸れないように間引き剪定を行う。小さく維持する場合は早春に株元20〜30cmくらいを残しカットして、新しい芽を伸ばす更新剪定を行うと良い。水はしっかりと与え、風通しの良い環境で。

コンフサ S. confusa

フミリス S. humilis

サルココッカ *Sarcococca*

コンフサ／フミリス

科・属名　ツゲ科 サルココッカ属
原産地　東アジア
草丈・樹高　50cm〜1m
日当たり　☁☁
耐寒性　❄❄❄
生活　fresh

特徴・育て方のポイント

花の少ない冬に、目立たないが甘い香りの白い小さな花が咲き、その後黒い光沢のある実をつける。深い緑色の葉を持ち、日陰にも非常に強いので、地味ながら日陰の下草として重宝する。耐寒性も強く−10度前後まで耐えられる。細葉のフミリスや、枝の分岐が多く花の基部に朱が入った花が目立つ園芸品種のウィンタージェム（*S. hookeriana* 'Winter Gem'）などもある。水はけの良い肥沃な土壌を好み、日差しの強い乾燥地では生育が悪く、葉を落とす。英国ではsweet box（甘いツゲ）と呼ばれ、鉢植えにも向いているため、商業施設などに鉢植えで取り入れられていることも多い。

シナモンマートル *Backhousia myrtifolia*

▶P22

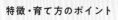

別名　シナモンギンバイカ
科・属名　フトモモ科 バクホウシア属
原産地　オーストラリア
草丈・樹高　2〜3m
日当たり　☀☁☁
耐寒性　❄❄
生活　fresh、dry、eat & drink

特徴・育て方のポイント

オーストラリア原産のレモンマートル（*B. citriodora*）と同じ仲間の常緑低木。葉をこすったりつぶしたりするとほんのり香りがし、新芽はお茶や料理、お菓子などに利用できる。樹皮から抽出した成分からは強いシナモンの香りがする。花付きは悪くなるが耐陰性も強く、あまり日が当たらない立地でも耐えることができる。水はけが良い肥沃な土壌が理想だが、普通の庭植えでは特に問題なく生育する。生長は緩やかで、初夏にクリーム色の花が咲く。比較的こんもりと茂るので、剪定は花後に伸びた枝を刈り揃える程度で。風通しが悪いところではサビ病（p204参照）になったり、カイガラムシ（p204参照）やアブラムシ（p205参照）がつくことがある。

ジャーマンアイリス *Iris germanica Hybrid*

別名　ドイツアヤメ
科・属名　アヤメ科 アヤメ属
原産地　不明（ヨーロッパ全土に分布）
草丈・樹高　20cm〜1m
日当たり　☀
耐寒性　❄ ❄ ❄
生活　fresh

特徴・育て方のポイント

起原不詳の自然交雑種で原産地も不明だが、古くから
ヨーロッパ全土に広がっており、改良品種も多数流通し
ている。春に大型の華やかな花が咲き、ニュアンスのあ
る色合いの花色も多数ある。高温多湿に弱いので、水はけ
の良い土壌で、風通しと日当たりが良ければ、放任で
も毎年花が咲き、徐々に株が広がる。常緑性の球根植
物で、冬期は小さい葉だけ残り、春に急速に葉が伸びる。
手入れは花後に花茎と枯葉を取り除く程度で良いが、3
〜4年すると株が込み合うので、間引きや株分けを行う
と良い。アルカリ性の乾燥した砂質壌土を好むため、石
灰分を補う程度で、窒素分の追肥は必要ない。

ジンチョウゲ *Daphne odora*

白花種

特徴・育て方のポイント

科・属名　ジンチョウゲ科 ジンチョウゲ属
原産地　不明（中国中部〜ヒマラヤ地方に分布）
草丈・樹高　1m
日当たり　🌤
耐寒性　❄ ❄
生活　fresh

日本には室町時代に渡来したと言われ、昔から
春を告げる香りのある植物として親しまれて
いる。夏のクチナシ、秋のキンモクセイと並ぶ
日本の三大香木の一つ。学名の*odora*とは芳香
を意味する。こんもりと茂り、伸びも遅く、環
境が合えば、目立った病気や虫もつかないので、
和洋問わずシェードガーデンでも活用できる。
保水と水はけを兼ねた肥沃な土壌を好み、強
い日差しが当たる場所や乾燥が激しい場所、粘
土質土壌などの条件下では育ちが悪く、枯れ
ることも多いので立地条件には注意したい。園
芸品種の白花や斑入りもある。

ストロビランテス ブルネッティー
Strobilanthes anisophyllus 'Brunetthy'

▶P61

科・属名	キツネノマゴ科
	ストロビランテス属（イセハナビ属）
原産地	インド北東部
草丈・樹高	1〜1.5m
日当たり	☁☁
耐寒性	❄❄
生活	fresh

特徴・育て方のポイント

ストロビランテスのうち、金属的な紫葉のディエリアヌス種（S. dyerianus）は寒さに弱く、外では越冬できないが、本種は耐寒性がある。寒風が当たらないような場所なら−5度程度まで耐えられ、葉に多少傷みは出るが露地植えも可能。直射日光が常に当たる場所よりも、半日陰くらいのほうが生育が良い。冬場は葉の色が薄くなり、花も咲かなくなるが、かなりの日陰でも生育する。早春に薄紫色の筒状の花が咲き、気温が下がると艶のある葉が黒に近い銅葉に変わり非常に目をひく。生長は比較的早く、30cm程度の株が2年で3倍近くなる。場所によって葉や花を食害する虫がつき小さい穴があくが、許容できる程度。

ストレリチア *Strelitzia reginae*

▶P21

別名	ゴクラクチョウカ、バードオブパラダイス
科・属名	ゴクラクチョウカ科
	ゴクラクチョウカ属（ストレリチア属）
原産地	南アフリカ
草丈・樹高	1〜1.5m
日当たり	☀☁
耐寒性	❄
生活	fresh

特徴・育て方のポイント

南国感やリゾート感を演出するのには定番の大型多年草。パプアニューギニアの国鳥になっている極楽鳥（フウチョウ）が、羽を広げた姿に花が似ているため日本では極楽鳥花とも呼ばれている。観葉植物としての流通が多く、鉢植えにも適しているが、耐寒性はあるので、関東南部沿岸地域以西は露地植えも可能。ただし、冬期に寒風が当たる場所では葉が傷む。日向を好むが、耐陰性も強いので、軒下や中庭などのあまり日が当たらない場所のグリーンとしても活用できる。目立った病虫害はないが、過湿気味で風通しが悪いとカイガラムシ（p204参照）がつくことがある。水はけの良い土壌を好む。

セアノサス（カリフォルニアライラック）
Ceanothus thyrsiflorus 'Pacific Blue'

別名　セアノサス レペンス
科・属名　クロウメモドキ科 ソリチャ属
原産地　北アメリカ南西部（カリフォルニア）
草丈・樹高　1〜2m
日当たり　☀
耐寒性　❄❄
生活　fresh

特徴・育て方のポイント

セアノサスは交雑が容易なため数が多く、流通している常緑性タイプのほとんどが交雑種。初夏に目をひく濃いブルーの花をつける。夏期は乾燥し、冬は温暖で降水があるカリフォルニアの植物のため、日本では生育が難しいとされているが、それに準じた環境に近づけると良い。高温多湿に弱く、水分が多い土壌で高温になると株が弱ったり枯死したりするので、気温が高いときは乾燥気味に育て、風通しの良い立地が望ましい。鉢植えでベランダや屋上、日当たりの良い立ち上がった植栽帯などは好立地。生育は早く大きくなるので、小さく維持する場合は花後に刈り揃える。比較的短命だが花の美しさは取り入れる価値あり。

セネシオ フィコイデス *Senecio ficoides*

▶P59

科・属名　キク科 セネシオ属
原産地　南アフリカ
草丈・樹高　30〜80cm
日当たり　☀☁
耐寒性　❄❄
生活　fresh

特徴・育て方のポイント

白みがかった青緑の葉色と造形が美しい多肉植物。高さが出るので、植栽帯の中で単体でポイントで使っても、数株をまとめて植えボリューム感を出しても映える。特に濃いグリーンの葉色のものと組み合わせると引き立つ。冬は乾燥気味に管理すると良く、耐寒性はあるが、株が小さいうちは寒さが厳しいと上部が傷む。初夏に茎の先端に白い小さな花をつける。耐暑性、耐潮性もあり、乾燥にも強いのでかなり用途が広い。目立った病虫害もなく、剪定は伸びたところをカットする程度。容易に挿し木ができ、伸びすぎた枝を切って土や水に挿しておくと発根する。

シトリナ *Z. citrina*　　カンディダ

ゼフィランサス カンディダ *Zephyranthes candida*

シトリナ

別名　タマスダレ、レインリリー
科・属名　ヒガンバナ科
ゼフィランサス属（タマスダレ属）
原産地　ペルー
草丈・樹高　10〜30cm
日当たり　☀️⛅
耐寒性　❄️❄️❄️

特徴・育て方のポイント

1822年にペルーで発見された。日本には明治初期に渡来し、タマスダレと呼ばれ古くから親しまれている。小葱のような葉を持つ球根植物で、夏から秋にかけて上向きの白い花を咲かせる。非常に丈夫で、耐暑性、耐乾性があり、軒下や礫の多い土壌などでも容易に生育する。分球して年々株が大きくなるが、はびこらないため、手がかからない。鉢植えで株が増えすぎると花が少なくなるので、春に株分けすると良い。舗装の間やわずかな隙間に仕込んでおいてもおもしろい。耐寒性もあり、暖地では葉を残し越冬するので、グランドカバーとしても活用できる。全草に毒性がある。

ソルトブッシュ *Rhagodia hastate (Einadia hastata)*

▶P60

別名　ホワイトソルトブッシュ、
ラゴディア ハスタータ
科・属名　ヒユ科 エイナディア属
原産地　オーストラリア
草丈・樹高　1〜2m
日当たり　☀️☁️
耐寒性　❄️❄️
生活　fresh, dry

特徴・育て方のポイント

名前のとおり体内に塩分を蓄えているので、葉をかじると塩気がする。耐乾性や耐潮性が非常に強いため、海岸沿いの風が直接当たるような庭やベランダでも、旺盛に生育する。建物沿いの日当たりの強い軒下などでも使用でき、風通しが良い立地であれば低い生け垣のような扱いもできる。耐寒性もあり、冬期に葉の一部が紅葉するが、−5度くらいになると上部が枯れ込む。多湿に弱いので、水はけの良い土壌が望ましい。伸びてくると枝が横に倒れながら広がるので、年1回ほど刈り込み整えると、株もしっかりする。

アルゲンテア *D. argentea*

ダイコンドラ *Dichondra*

アルゲンテア／ミクランサ ▶P31

ミクランサ *D. micrantha*

別名　ディコンドラ
科・属名　ヒルガオ科
　　ダイコンドラ属（ディコンドラ属）
原産地　アメリカ、オーストラリア、
　　ニュージーランド、東アジア
草丈・樹高　3～10cm
日当たり　☀☁
耐寒性　❄❄

特徴・育て方のポイント

匍匐性の多年草で、アオイゴケと呼ばれる日本にも自生するミクランサ、シルバー系のアルゲンテア、オーストラリア原産のレペンス（*D. repens*）の主に3種類あり、種の流通はミクランサが多い。芝が育ちにくい半日陰や湿り気のある環境でもマット状のグリーンとして活用できるが、芝生ほど踏圧に強くないので、頻繁に歩くような場所や車が乗り入れるような場所には、石やレンガなどを敷いた間の目地で育てるとナチュラルな印象になる。関東南部以西では常緑で越冬するが播種後、小さいうちに霜に合うと枯れてしまうので注意が必要。アルゲンテアは日当たりと乾燥を好み、特にツル状で匍匐して伸びるので、マット状に広げたり、高さのある場所から下垂させたりすると良い。

タイム *Thymus* ▶P22

クリーピングタイム／ロンギカウリス

ロンギカウリス *T. longicaulis*

クリーピングタイムの白花種
T. serpyllum var. albus

科・属名　シソ科 イブキジャコウソウ属
原産地　北半球
草丈・樹高　5～30cm
日当たり　☀
耐寒性　❄❄❄
生活　fresh、dry、eat & drink

特徴・育て方のポイント

北半球に広く分布する常緑性の亜低木で約35種類あり、葉は精油を含み芳香がある。白い斑が入るフォックスリータイム（*T. pulegioides* 'Foxley'）やレモンの香りのするレモンタイム（*T. citriodorus*）などがあり、初夏に白やピンクの花を咲かせる。香辛料や料理にはコモンタイム（*T. vulgaris*）と呼ばれる品種が使われ、魚介類の臭みを消すハーブとして知られている。比較的丈夫だが多湿に弱く、水はけの良い中性からアルカリ性土壌を好むので、砕石や砂利のような礫が多い土壌のほうが、蒸れにくく生育が良い。鉢植えにも適している。耐寒性は強いが、冬は葉が少なくなる。

タスマニアビオラ *Viola banksii*

別名 ビオラ バンクシー、
ツタスミレ、パンダスミレ
科・属名 スミレ科 スミレ属
原産地 オーストラリア南部
草丈・樹高 10〜15cm
日当たり ☁️
耐寒性 ❄️❄️

特徴・育て方のポイント

ランナーでマット状に広がり、踏圧には弱いが芝が
育たない条件下でも育ち、初夏から夏にかけて紫と
白の花をぽつぽつと咲かせる優秀なグランドカバー。
湿り気のある肥沃で水はけの良い土壌が理想だが
耐性もあるので、極端な土壌でなければ生育可能。
日が強く当たるところよりも、午前中だけ日が当たる
ところや木の下などの半日陰くらいの条件のほうが
生育が良い。耐寒性はあるが、冬は葉が少なくなり
傷む。風通しの悪い場所だとアブラムシ（p205参照）
がつき、スス病を併発することもある。適度な生育
スピードなので、メンテナンスもほとんどかからない。

タスマニアマキ ブルージェム
Podocarpus lawrencei (alpinus) 'Blue Gem'

別名 ポドカルプス ブルージェム
科・属名 マキ科 マキ属
原産地 オーストラリア（タスマニア）
草丈・樹高 50〜80cm
日当たり ☀️☁️
耐寒性 ❄️❄️❄️

特徴・育て方のポイント

マキというよりは日本のキャラボクによく似
ている針葉樹。青みがかった葉色が美しく、
耐寒性は−15〜−20度ある。気温が下がる
とやや赤みを帯びる。コンパクトに育つので、
狭いスペースにも活用でき、植栽帯の中でグ
リーンの骨格としての機能も担うことができ
る。土壌酸度は選ばないが、肥沃な有機物に
富んだ湿り気のある土が理想的。目立った病
虫害もなく、伸びすぎた枝を揃える程度なの
でローメンテナンスにしたい庭にはおすすめ。
雌雄異株で両株あると実をつけるが、キャラ
ボクのような毒性はない。

タマシダ *Nephrolepis cordifolia*

▶P23、24、49

科・属名	ツルシダ科 タマシダ属
原産地	世界の熱帯・亜熱帯、日本(伊豆諸島・伊豆半島以西の暖地)
草丈・樹高	30～80cm
日当たり	
耐寒性	
生活	fresh

特徴・育て方のポイント

シダの中ではとてもポピュラーで、昔から観葉植物としても流通している。根茎から匍匐枝を出して、地下に1～2cmほどの球状の塊茎と芽をつくり広がる。この塊茎に水と栄養を蓄えるため、非常に丈夫で乾燥にも強く、耐陰性のある安定的なグリーンとして活躍する。根付くと旺盛に繁殖するので、定期的に間引きを行うと良い。関東南部の太平洋沿岸地域以西では露地植えでも冬を越せるが、寒風にさらされたり、気温が低くなると葉が傷む。よく似ているセイヨウタマシダ(N. exaltata)とは塊茎がつかないことで見分けられる。葉焼けを起こすので半日陰が良く、鉢植えにも向き、吊り鉢でも楽しめる。

タマモクマオウ *Casuarina nana (Allocasuarina nana)*

▶P52、54

科・属名	モクマオウ科 モクマオウ属
原産地	オーストラリア
草丈・樹高	1～2m
日当たり	
耐寒性	
生活	fresh

特徴・育て方のポイント

沖縄に防風、防砂などを目的として植えられているモクマオウ(C. stricta)の仲間で、本種は矮性タイプ。葉は同じような針金状で垂れ、比較的生長も早い。葉色が濃いので、シルバー系の低木類やツワブキ(p117)、ディエテス(p119)などの葉の形状がはっきりしているタイプと組み合わせると映える。日当たりと水はけさえ良ければ旺盛に生育するが、植えつけ直後や高温乾燥時にはしっかりした灌水が必要。寒さにはやや弱い。葉張りは1m以上になり、刈り込むと柔らかさがなくなるため、スペースは考慮して植えたい。

チェリーセージ
Salvia × jamensisを含めて Salvia greggii、Salvia microphylla

ホットリプス　▶P91

ホットリップス　S. microphylla 'Hot lips'

別名　サルビア ミクロフィラ
科・属名　シソ科 アキギリ属
原産地　南アメリカ 他
草丈・樹高　50cm～1.2m
日当たり　☀
耐寒性　❄❄
生活　fresh、dry

特徴・育て方のポイント

サルビア グレッギー（S. greggii）とミクロフィラ（S. microphylla）、両者の自然交雑種のヤメンシス（Salvia × jamensis）とそれらの園芸品種の総称で、花色も白、ピンク、クリーム、紫など多種ある。国内ではどれもチェリーセージとして流通していることが多い。性質はミクロフィラやその園芸品種はやや大きく1mを超え、木質化する。その他は高さも50～70cm前後と小ぶり。どれも葉を揉むと特有の芳香があり、耐寒性は強く、暖地では葉を残して越冬する。性質も丈夫で花後、刈り込み管理する。花の量は変わるが、春から秋にかけて花期は長く、かわいらしい花好きにはおすすめ。

ツリージャーマンダー　Teucrium fluticans

▶P50、55

▶P50、55

特徴・育て方のポイント

植栽帯の中でしっかりした骨格にできるシルバー系の低木として使いやすい。葉には芳香があり、新芽が銀白色の綿毛に覆われ、徐々に毛が落ちて濃緑色の葉になる。目立った病虫害もなく、耐潮性もあり、性質は丈夫だが、多湿に弱いので水はけの良いややアルカリ土壌で日当たりと風通しの良いところが理想的。タイムなどと同じで、礫の多いやせた土地のほうが蒸れずに良い状態が保たれる。初夏に薄紫色の涼しげな花が咲く。比較的強い新梢が出て、放任すると暴れるので、小さく管理する場合は刈り込んで整える。列植して低い生け垣としても活用できる。

別名　テウクリウム、フルティカンス
科・属名　シソ科 ニガクサ属
原産地　南ヨーロッパ
草丈・樹高　50cm～1.5m
日当たり　☀☁
耐寒性　❄❄
生活　fresh、dry

ツワブキ *Farfugium japonicum*

▶P15

科・属名	キク科 ツワブキ属
原産地	日本(東北地方南部以南)、朝鮮半島南部、中国東南部、台湾
草丈・樹高	30~80cm
日当たり	☀ ☁ ⛅
耐寒性	❄ ❄ ❄
生活	fresh, eat & drink

特徴・育て方のポイント

日本に自生し、実生でも生えるので雑草のようにあちこちで見かけることも多い。光沢のある個性的な丸い葉が植栽帯の中で際立ち、他の植物とのコントラストが印象的なシーンをつくる。斑が入るものや縮れた葉を持つものなど改良品種も多い。秋から冬にかけて黄色い菊のような花が咲き、耐潮性も強く、海岸沿いでも容易に繁殖する。傷んだ葉や花後の花茎を取り、株が大きくなりすぎたら間引く程度の手入れで良い。初春の若い葉が開く前の灰褐色の綿毛に覆われた葉柄を収穫し、フキと同じように食用としても利用でき、蕾は天ぷらなどにすると美味。

ティアレラ *Tiarella*

▶P35、49

スプリングシンフォニー / シルベラード

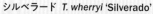

シルベラード *T. wherryi* 'Silverado'

スプリングシンフォニー
T. 'Spring symphony'

科・属名	ユキノシタ科 ズダヤクシュ属(ティアレラ属)
原産地	北アメリカ
草丈・樹高	20~40cm
日当たり	☁ ☁
耐寒性	❄ ❄ ❄

特徴・育て方のポイント

日本の林床に生えるズダヤクシュ(信州の方言でズダは喘息を意味し、それに効く草というのが名前の由来)の仲間。小型の多年草でコンパクトにまとまり、日陰でも花付きが良い貴重なグランドカバー。暖地では冬期は紅葉し、寒冷地だと落葉するが寒さには非常に強い。初夏に淡いピンク色の穂状の花が咲く。肥沃なやや湿った水はけの良い土壌を好むが、やせ地でも生育可。年々株が大きくなるので、春の芽吹き前に傷んだ葉などを取り除くときれいに維持できる。ヒューケラ(*Heuchera*)との交配種で両方の良い性質を取り入れたヒューケラ(×*Heucherella*)というタイプもある。

ブレイズ *D. caerulea* 'Breeze'

ディアネラ *Dianella*

ブレイズ／バリエガタ／ブルーストリーム／リトルレブ
▶P14、21、51

バリエガタ
D. tasmanica cv. Variegata

ブルーストリーム
D. revoluta 'Blue stream'

リトルレブ
D. revoluta 'Little rev'

別名　キキョウラン、フラックスリリー
科・属名　ワスレグサ科（ツルボラン科）
キキョウラン属
原産地　アジア、ポリネシア、
熱帯東アフリカ
草丈・樹高　30cm〜1m
日当たり　☀ ⛅
耐寒性　❄ ❄（品種により❄）
生活　fresh

特徴

白みがかった青緑の葉を持つブルーストリームやリトルレブ、黄色や白い斑が縞状に入るバリエガタ種など、刀形の葉が美しい品種が多い。株状にまとまり、耐陰性もあるため、シェードガーデンなどで他のカラーリーフと組み合わせやすい。初夏に株元から伸びる針金状の茎に青や白の小さな花が多数咲き、その後実をつける。実が宝石を思わせる紫色の美しい品種もある。

育て方のポイント

品種により耐寒性がやや劣るものもあるが、関東南部沿岸以西の地域では露地で越冬できる。目立った病虫害もなく、丈夫で耐潮性もあるので海岸沿いの植栽にも活用できる。株元が蒸れると腐ってしまうので、水はけの良い土壌で、乾燥気味に育てると良い。メンテナンスは花後の茎が目立つので、傷んだ葉とともに取り除き、株が大きくなり込み入ってきたら、春に株分けや間引きを行う。

ビコロル *D. bicolor*

ディエテス *Dietes*

ビコロル／イリディオイデス
▶P15、50、55

イリディオイデス *D. iridioides*

別名　アフリカンアイリス、
　　　ジョウリョクアヤメ

科・属名　アヤメ科 ディエテス属

原産地　南アフリカ、
　　　　オーストラリア東部

草丈・樹高　40cm〜1.2m

日当たり　☀

耐寒性　❄ ❄

生活　fresh

特徴

6種からなり、1種を除いてアフリカ東南部原産の常緑性のアヤメ。葉がしっかり残り、あまりはびこらず、花も楽しめる常緑多年草としては、アガパンサス（p94）と並び使いやすい。名前は「二つの関係」を意味するギリシャ語に由来し、アヤメ属の性質と球根植物のモラエア属の性質との中間に位置するため、イギリスの植物学者が命名した。安定的に緑が欲しい玄関前やアプローチなどでも活用できる。

育て方のポイント

ビコロルは草丈が1mと高くなり、上に伸び花色は黄色に近いクリーム色。イリディオイデスは50〜60cmと低く、花は白に紫と黄色が入る。どちらも初夏から夏にかけて花が咲き、初期は一斉に、その後ぽつぽつと咲く。水はけの良い土壌を好む。耐乾性はあるが、しっかりと灌水を行ったほうが育ちが良い。多肥は不要だが、肥料も年に1回くらいは与えると良い。花後の花茎が目立つので、傷んだ葉とともに取り除くときれいに保てる。

トキワナルコユリ *Disporopsis arisanensis*

科・属名
キジカクシ科（クサスギカズラ科）アマドコロ属

原産地 台湾

草丈・樹高 20〜50cm

日当たり ☁☁

耐寒性 ❄❄

生活 fresh

特徴・育て方のポイント

冬に上部が枯れる宿根草のナルコユリとよく似ているが別種になる。耐陰性が強く、同じ強い耐性を持つヤブラン（p133）やナギイカダ（p121）などと組み合わせ、光沢のある深いグリーンの葉の形状を楽しむと良い。あまり目立たないが、適度な日照条件下だと初夏に白い釣鐘状の花をつける。湿った腐植質の多い水はけの良い土壌が理想だが、庭植えであればそれほど問題はない。地下茎で広がり、環境が合うと群生する。ナメクジがつく程度で目立った病虫害はなく、広がりすぎたら間引く程度の手入れ。肥料分が少なくなったり、日差しが強いと葉色が薄くなる。

トキワマンサク クロビジン *Loropetalum chinense* 'kurobijin'

▶P50

トキワマンサク *L. chinense*　　　　　　クロビジンの花　　　　　　　　　　　　　　クロビジン

科・属名 マンサク科 トキワマンサク属

原産地 中国南部、インド東北部、日本（本州・九州）

草丈・樹高 1.5m

日当たり ☀☁

耐寒性 ❄❄❄

生活 fresh

特徴・育て方のポイント

トキワマンサクは、白花で葉が緑のものや銅葉のベニバナトキワマンサク（*L. chinense* var. *rubrum*）など、広く流通している。本種は夏でも葉色が濃いまま残り、特に冬は黒を増す美しい矮性種。濃いピンクの花が春に咲く。花付きは悪くなるが半日陰でもしっかり生育するので、カラーリーフを意識した植栽帯にも向く。肥沃な土壌が理想だが、庭植えではそれほど問題ない。寒さにも比較的強いが、暖かい気候を好む。気温が下がると落葉し、全体に葉が薄くなる。基本種よりも暴れないので、伸びすぎた枝をカットし整える程度のメンテナンスで維持できる。

トベラ *Pittosporum tobira*

フイリトベラ ▶P58

フイリトベラ *P. tobira* 'Variegata'

科・属名	トベラ科 トベラ属（ピットスポルム属）
原産地	日本（岩手以南）、中国、朝鮮半島南部
草丈・樹高	1〜3m
日当たり	☀️⛅☁️
耐寒性	❄️❄️❄️
生活	fresh

特徴・育て方のポイント

日本に自生する常緑低木で、耐潮性が強いため海岸沿いの庭木や防雨防砂樹としても親しまれている。枝葉に臭気があるため、邪気を払うとして昔から厄除けにも使われている。非常に丈夫で萌芽力も強いので、生け垣樹として取り入れられることも多いが、単木で枝ぶりを活かす仕立てもおもしろい。雌雄異株で、初夏に白い花が咲く。雌株はその後、1〜2cm大の玉状の実をつけ、しばらくするとザクロのように外皮が割れ、赤い粘着性の種が現れる。斑入り種や矮性種などは、植栽帯の中でも他の植物と合わせやすく使いやすい。

ナギイカダ *Ruscus aculeatus*

別名	ブッチャーズブルーム
科・属名	キジカクシ科（クサスギカズラ科）ナギイカダ属
原産地	地中海〜黒海沿岸地域
草丈・樹高	50cm〜1m
日当たり	☀️⛅☁️
耐寒性	❄️❄️❄️

特徴・育て方のポイント

茎や葉はかたく、葉の先端に刺があるため、英名はその枝を束ね箒として肉屋で使われていたことに由来している。根茎は、古くから利尿作用や血流促進などの効能が認められ、現在もサプリメントなどに利用されている。その刺から庭木などには防犯に使われる程度だが、独特の深い緑葉なので、ブルー系の葉色を持つディアネラ（p118）やセネシオ（p111）などと合わせると、その魅力が発揮される。造園樹木の中ではハラン（p123）と並んで耐陰性が非常に強く、乾燥にも強いため、かなり条件が厳しい場所でも使用できる逸材。雌雄異株で、雌株には葉の表面に花が咲き、花後赤い実がつく。

ナンテン *Nandina domestica*

フルート ／ レモンライム
▶P14、23、28

レモンライム
N. domestica 'Lemonlime'

フルート　*N. domestica* 'Flirt'

科・属名　メギ科 ナンテン属
原産地　日本（茨城県以西）、
中国、東南アジア
草丈・樹高　2〜3m
日当たり　☀ ⛅ ☁
耐寒性　❄ ❄ ❄
生活　fresh

特徴

赤い実や竹に似た株の様子から中国では、南天燭、南天竹と呼ばれ、日本名のナンテンの由来になっている。名前から「難を転じる」縁起木として、また毒を消すという意味から、食品に葉を添える習慣もあり、昔から生活に根付いている。江戸の文政時代にもっとも流行したと言われ、改良品種が数多く作出され、文献には122品種が記載されている。その後、数は減り近年は50品種前後あると言われ、葉が銅葉や黄葉になる海外品種や白い実をつけるものなどある。実は鎮咳剤として民間薬として用いられている。

育て方のポイント

非常に丈夫で、目立った病虫害もなく、暑さや乾燥にも強いので育てやすい。梅雨時期に白い花が咲き、その後実をつけるが、開花時に降雨が続くと結実不良になる。水はけさえ良ければ特に土壌は選ばず、鉢植えにも向いている。肥料分が少なくなると葉色が悪くなり、花も咲かなくなるので、年に1〜2回の施肥を行うと良い。矮性種は剪定もほとんど必要ないが、大きくなるタイプは株が込み入ってきたら、株数を減らすために、地際から古い枝をカットしたり、伸びすぎた枝を詰めたりするなどの剪定を行う。

ニオイバンマツリ *Brunfelsia australis*

科・属名 ナス科 バンマツリ属（ブルンフェルシア属）
原産地 ブラジル南部、アルゼンチン
草丈・樹高 1〜3m
日当たり ☀️⛅
耐寒性 ❄️❄️

特徴・育て方のポイント

春から夏にかけて、強い香りのある花をつける常緑低木。花付きが良く、開花直後は紫で徐々に薄くなり、白へと変わるため、1本で紫と白の花が入り混じって咲く、珍しい品種。強い日光は好まず、真夏に直射日光が当たると葉焼けを起こす。東側や北側など半日程度の日が当たるような場所が良い。都心など暖地であれば地植えで越冬も可能だが、あまり寒くなると葉が落ちるので、軒下や寒風の当たらないような場所が理想的。低木だが比較的大きくなるので、1.5mくらいの幅は確保したい。伸びすぎた枝を詰め、ボリュームが出すぎた場合は刈り込んでも良い。

ハラン *Aspidistra elatior*

シマハラン／
アサヒハラン

シマハラン
A. elatior 'Variegata'

アサヒハラン　*A. elatior* 'Asahi'

科・属名 キジカクシ科（クサスギカズラ科）
ハラン属
原産地 中国
草丈・樹高 20cm〜1m
日当たり ☁️☁️
耐寒性 ❄️❄️

特徴・育て方のポイント

昔から生け花や庭に取り入れられ、馴染み深い多年草。日陰には非常に強く、ボリュームも出るため、特に厳しい日陰環境下でのグリーンとして活躍する。乾燥にも強く軒下のような立地でも生育する。葉先が白いアサヒハランや白い縦縞状になるシマハランなどは、日陰を明るく彩り、とても使いやすい。湿り気のある有機質に富んだ土壌を好むが、庭植えなら問題ない。地下に匍匐性の太い根茎があり、花はその根茎から伸び地際に咲く。あまり目立たないが、緑色の球状の蕾は開花すると褐紫色になり、キノコのような匂いを出してキノコバエを誘い寄せる。傷んだ葉を取り除く程度で手入れの手間もほとんどかからない。

ピスタチア *Pistacia lentiscus*

▶P61

別名　マスティックツリー
科・属名　ウルシ科 ピスタチオ属
原産地　南ヨーロッパ、
地中海沿岸、アフリカ、パキスタン
草丈・樹高　1～3m
日当たり ☀ ⛅
耐寒性 ❄ ❄
生活　fresh

特徴・育て方のポイント

実を食べるピスタチオとは別種の常緑低木。幹を傷つけると白い樹液が流れ、固まった樹脂状のものは香りがあり、古代には歯磨き用のガムとして利用されていた。葉が密にならず、柔らかい印象だが性質は強健で、乾燥や潮風にも強く、目立った病虫害もない。耐陰性もあるので、植栽帯の骨格として使う他、単体でも映え、用途は幅広い。雌雄異株でどちらも初夏に花が咲くが、雌木にはその後赤い実がつく。伸びてきた枝を整えていき、大きくするか、主幹を立てて上部をボール状に刈り込むトピアリー仕立てにもできる。寒冷地では越冬できないが、暖地では冬期に銅葉に紅葉する。水はけの良い土壌を好む。

フユアジサイ *Hydrangea cinensis × Hydrangea macrophylla*

別名　スプリングエンジェル
科・属名　アジサイ科 アジサイ属
原産地　日本（群馬県）
草丈・樹高　1～1.5m
日当たり ☀ ⛅
耐寒性 ❄ ❄
生活　fresh, dry

特徴・育て方のポイント

台湾のトキワアジサイ（*H. chinensis*）とセイヨウアジサイ（p177）の交配によって2004年に群馬県で作出された品種。トキワアジサイの常緑性とセイヨウアジサイの美しさを併せ持ち、四季咲き性も兼ね備えたアジサイ。2～4月に咲いた後、花下の節でカットすると、花芽が形成され初夏から夏にかけて開花する。寒さに弱いと言われているが、都内や横浜などでも露地植えで越冬する。トキワアジサイよりも株がまとまるので扱いやすく、鉢植えにも向いている。整枝も伸びすぎた枝をカットする程度で、メンテナンスも楽。流通が少ないので、冬の出まわる時期に、見つけたらぜひ購入したい。

シルバーシーン

エルフィン

シルバーシーンとエルフィン P. tenuifolium 'Elfin'

ピットスポルム *Pittosporum tenuifolium*

シルバーシーン／エルフィン／
アイリーンパターソン

アイリーンパターソン
P. tenuifolium
'Irene paterson'

シルバーシーン
P. tenuifolium 'Silver sheen'

科・属名	トベラ科
	トベラ属（ピットスポルム属）
原産地	ニュージーランド
草丈・樹高	50cm〜2m
日当たり	☀ ⛅
耐寒性	❄ ❄
生活	fresh

特徴・育て方のポイント

薄くて小さい葉は、密になってもあまり重い印象にならない。比較的コンパクトに生長するため、狭いスペースや植栽帯の骨格としても非常に使いやすい。白い斑が葉を縁取るバリエガタ（P. tenuifolium 'Variegatum'）などは、生花店でグリーンの花材としても昔から多く流通している。初夏には目立たないが赤紫色の小さい花が咲く。

肥沃なやや湿った水はけの良い土壌を好み、高温多湿が苦手なので、風通しの良い場所が向く。また、品種により耐寒性や大きさも若干異なる。エルフィンは高さ・幅とも70〜80cm以内におさまる矮性種。シルバーシーンは原産地では生け垣として良く利用されており、耐寒性・性質とも強く高さは2m前後になる。

ビルベリー *Vaccinium myrtillus*

▶P34、61

特徴・育て方のポイント

科・属名	ツツジ科 スノキ属
原産地	北ヨーロッパ、北アメリカ
草丈・樹高	1〜2m
日当たり	☀ ⛅
耐寒性	❄ ❄ ❄
生活	fresh、eat & drink

ブルーベリー（p186）の野生種の一種で、通常のブルーベリーよりアントシアニンの含有量が多く、健康食品にも利用されている。生食もできるが、実は小さく量も少ないので、庭木としては収穫目的よりもグリーンとしての活用が主になる。耐陰性もあり、葉の量が密にならず、

柔らかい印象になるので、植栽帯でのボリューム感が求められる場所に活用できる。耐寒性が強く、暖地では冬も葉を残し紅葉も美しい。肥沃な保水性のある弱酸性土壌を好み、乾燥を嫌うため、12〜3月の休眠期にピートモスを株元に埋めると生育が良くなる。

ビバーナム ダビデイ *Viburnum davidii*

別名　ビブルナム ダビディ
科・属名　レンプクソウ科（スイカズラ科）ガマズミ属
原産地　中国西部
草丈・樹高　50cm～1m
日当たり　☀️ ⛅
耐寒性　❄️ ❄️ ❄️
生活　fresh

特徴・育て方のポイント

暗緑色のやや艶のある肉厚の葉を持つ常緑低木。高さよりも葉張りが1～1.5m程度出るため、ボリュームのあるしっかりしたグリーンが求められる場所で活用したい。中国原産で1904年にヨーロッパに送られ、欧米で広く栽培が行われるようになった。腐植分が多い肥沃な水はけの良い土壌を好む。春に小さな白い花が咲く。雌雄異株ではないが、株によって雌花と雄花が偏っているため、数株植えて受粉させないと実はつかない。鉱物のような美しい青黒い実は雌花の株にだけ実る。株は比較的まとまっているので、花後すぐに伸びすぎた枝を詰める程度で樹形を維持できる。

ビバーナム ティヌス *Viburnum tinus*

▶P23

別名　ビブルナム ティヌス
科・属名
レンプクソウ科（スイカズラ科）
ガマズミ属
原産地　地中海沿岸、
ヨーロッパ南東部
草丈・樹高　2～3m
日当たり　☀️ ⛅
耐寒性　❄️ ❄️ ❄️
生活　fresh、dry

特徴・育て方のポイント

昭和初期に渡来した常緑低木。樹高もあり、萌芽力も強く、葉も密になるので、目隠しや庭の骨格になるような場所にはとても重宝する。1本でも葉張りは2m近くになるが、列植して生け垣的な使い方もできる。春に、赤みを帯びた小花が密に集まった蕾をつけ、香りのある白い花を咲かせる。その後に長時間つける青黒い美しい実は、切り花としても人気がある。肥沃で腐植分の多い土壌が理想だが、乾燥にも強く、土壌はそれほど選ばない。丈夫で目立った病気もないが、日当たりと風通しが悪い場所だとハムシがつきやすくなる。耐寒性も強く、関東以南では露地植えができる。

ビバーナム ハリアナム *Viburnum harryanum*

別名 ビブルナム ハリアナム
科・属名 レンプクソウ科 (スイカズラ科) ガマズミ属
原産地 中国
草丈・樹高 1〜1.5m
日当たり ☀️ ❄️☁️
耐寒性 ❄️❄️
生活 fresh

特徴・育て方のポイント

円形の小さい暗緑葉を持ち、株全体が落ち着いた色合いの常緑低木。生長が遅く、コンパクトな樹形を保つので、ローメンテナンス低木と言える。耐陰性もあり、半日陰程度は問題なく生育する。ビバーナム ダビディ (p126) と同様、株によって雌花と雄花が偏っているため、数株植え受粉させないと実がつかない。雌花の株には赤い茎に美しい青黒い実が実る。目立った病虫害もつかず、こんもりとまとまるので、冬期に伸びすぎた枝を詰める程度で樹形を維持できる。

ビバーナム リチドフィラム *Viburnum rhytidophyllum*

▶ P50

別名 ビブルナム リティドフィルム
科・属名 レンプクソウ科 (スイカズラ科)
ガマズミ属
原産地 中国西部
草丈・樹高 2〜5m
日当たり ☀️ ☁️☁️
耐寒性 ❄️❄️❄️
生活 fresh

特徴・育て方のポイント

やや垂れ下がった細長い葉が特徴的な常緑低木。英名ではレザーリーフビバーナムと呼ばれるように、やや光沢のある葉の表面には深い皺が多数あり、裏面や茎には軟毛が密生して株全体はくすんだ濃緑に見える。特に冬は葉が垂れ下がり、元気がないような独特なフォルムがおもしろい。春にクリーム色の花が咲き、その後赤い実がなり、徐々に光沢のある黒に変わり、長い期間楽しめる。葉の数は少なくなり、花も比例して減少するが、かなり耐陰性もあるので、半日陰から日陰に近い条件下でも。水はけの良い肥沃な土壌が理想。

フィカス シャングリラ *Ficus vaccinioides*

別名　ツル性ガジュマル、テリハイヌビワ
科・属名　クワ科 イチジク属（フィカス属）
原産地　中国、台湾
草丈・樹高　2～5m
日当たり　☀️⛅
耐寒性　❄️❄️

特徴・育て方のポイント

常緑で木質化する地被植物。海岸沿いの岩の上や壁面も支持物があると上っていくが基本的には地上に這っていくので、擁壁の緑化や広範囲での緑のグランドカバーに向いている。イチジクの仲間なので、条件が揃えば花が咲き、小さい赤い実がなる。半日陰から日陰にかけての立地が望ましく、日が強く当たる場所だと葉焼けや霜焼けを起こす。生長は比較的早いので、狭いスペースであれば定期的にカットする。流通しているのは温室栽培がほとんどで、秋以降に地植えすると冬期の寒さで傷んだり枯死することが多く、春から夏の生育期間での植え込みが理想。関東沿岸以西では地植えできる。

プテリス *Pteris cretica*

フイリオオバノイノモトソウ

フイリオオバノイノモトソウ　*P. cretica* 'Albolineata'

別名　オオバノイノモトソウ
科・属名　イノモトソウ科 イノモトソウ属
原産地　日本（東北地方南部以西）、世界中
草丈・樹高　30～80cm
日当たり　⛅☁️
耐寒性　❄️❄️
生活　fresh

特徴・育て方のポイント

世界の亜熱帯から熱帯に約300種が分布するシダの仲間で、日本に自生しているオオバノイモトソウやイノモトソウ（*P. multifida*）、マツザカシダ（*P. nipponica*）の仲間は常緑で耐寒性があり、それらの園芸品種も多い。特に斑入り種は日陰を明るくしてくれて花のような存在になるためおすすめ。原種系は建物のまわりに雑草としても生えてくるので、基本的には丈夫で育てやすい。腐植質が多い水はけの良い土壌が望ましい。乾燥するとハダニや炭疽病などがつくことがあるので、拡大を防ぐため、被害を受けた葉をカットして処分する。

シルバープリペット　*L. sinense* 'Variegatum'

プリペット　*L. vulgare*

プリペット　*Ligustrum vulgare*、*Ligustrum sinense*

シルバープリペット／
レモンアンドライム　▶P14

レモンアンドライム
L. sinense 'Lemon & Lime'

別名　セイヨウイボタノキ、
ヨウシュイボタノキ
科・属名　モクセイ科
イボタノキ属
原産地　ヨーロッパ、
西北アジア
草丈・樹高　1.5〜5m
日当たり　☀🌥☁
耐寒性　❄❄❄
生活　fresh

特徴

日本にも自生するイボタノキ（*L. obtusifolium*）の仲間の半常緑低木。セイヨウイボタノキとしてヨーロッパや西北アジアに分布する種類と、中国原産の在来種より葉が小さい斑入り種や黄葉種のシネンセ系（*L. sinense*）をまとめてプリペットと呼んでいる。ともに6〜7月に白い花が咲き、その後黒い実がつく。花には、好みが分かれる独特の香りがある。病虫害も少なく、耐潮性もあり非常に丈夫。耐寒性もあり寒冷地では落葉するが、暖地では葉が残る。

育て方のポイント

緑葉のプリペットは、樹勢が非常に強いため広いスペースの生け垣や、1本で仕立てメインツリーとして活用したい。白斑が入るシルバープリペットは、春の新芽はやや黄みを帯び、花付きも非常に良い。緑葉と同様に生け垣や1本での仕立てにも向く。レモンアンドライムは前者2種と違い矮性で、大きくなっても2m弱くらいにコンパクトにまとまり、強い枝も出にくく扱いやすい。最低年1〜2回の剪定は必須だが、どこで切っても芽吹くので気兼ねなくカットできる。

ベニシダ *Dryopteris erythrosora*

別名　ジャパニーズ
シールド ファーン

科・属名　オシダ科 オシダ属

原産地　日本（関東以西）

草丈・樹高　30cm〜1m

日当たり

耐寒性 ❄❄

生活　fresh

特徴・育て方のポイント

関東以西の林床に生育する常緑性の中型シダ。春の若芽と成熟
前の胞子嚢群を覆う苞膜が紅紫色になる。性質は丈夫で、常緑
系のシダの中では、オニヤブソテツ（*Cyrtomium falcatum*）と並び比較
的葉がきれいに保たれるので、シェードガーデンなどで活躍する。
数株まとめて植えると葉の形とテクスチャーが際立つ。腐植質の
多いやや湿り気のある土壌が望ましく、強い日が当たると葉焼け
を起こすので、半日陰から日陰が理想的。類似種に葉が赤くなら
ないミドリベニシダ（*D. erythrosora* f. *viridisora*）や葉が大きなトウゴク
シダ（*D. nipponensis*）などもある。

ポップブッシュ プルプレア *Dodonaea viscosa* 'Purprea'

別名　ドドナエア プルプレア

科・属名　ムクロジ科 ドドナエア属（ハウチワノキ属）

原産地　オーストラリア

草丈・樹高　1.5〜3m

日当たり ☀ ☁

耐寒性 ❄❄

生活　fresh、dry

特徴・育て方のポイント

常緑性だが葉色は夏は明るい緑で、冬は深い銅葉に
紅葉する。雌雄異株で初夏に小さい赤い花を咲かせ、
雌木には花後にホップに似た淡いピンクグリーンの
かわいい莢をつける。耐寒性はあるが、冬期に冷た
い北風が当たらないような場所が望ましい。地植え
の場合は特に植えつけ直後の冬に傷みやすく葉が
落ちるが、根がしっかり張ってくると耐寒性も増す。
目立った病虫害もなく、耐潮性もあり、生長も緩や
かであまり手がかからない。剪定は込み入った枝を
抜く程度で、大きく育ててメインツリーとしても活
用できる。

ホワイトセージ *Salvia apiana*

科・属名　シソ科 アキギリ属
原産地　アメリカ南西部・北西部、メキシコ
草丈・樹高　50cm～2m
日当たり　☀
耐寒性　❄❄
生活　fresh、dry

特徴・育て方のポイント

耐寒性のある常緑低木で、アメリカの先住民の間では、古くから魂や空間を浄化する神聖なハーブとして、葉を燻して儀式などに用いられていた。葉をこすると樟脳やユーカリ（p85）に似た強い香りがする。日当たりと風通しの良い場所が理想的で、日の当たる斜面や高さのある植栽帯、風の抜ける屋上やベランダなどは好適地。高温多湿に弱いので、水はけの良い土壌で乾燥気味に育てると良い。地植えにすると大型化し、花茎は人の高さほどに伸び、初夏から夏に白い花を咲かせる。環境が合うと旺盛に育ってやや暴れるので、伸びすぎた枝や込み入った葉はばっさりとカットする。

マウンテンミント（広葉）*Pycnanthemum muticum*

▶P20

別名　ピクナンテマム
科・属名　シソ科
アワモリハッカ属（ピクナンテマム属）
原産地　アメリカ北東部
草丈・樹高　50cm～1m
日当たり　☀☁
耐寒性　❄❄❄
生活　fresh、dry、eat & drink

特徴・育て方のポイント

一般的に知られているミントとは近縁だが、異なる種類の多年草。葉はやや白みがかった明るい緑色で、夏に淡いピンク色の花が咲く。地下茎では広がらず、雑草化せずに維持できるので地植えにはおすすめ。花や葉には香りがあり、お茶や料理などミントと同様に活用できる。水はけの良い、やや湿った土壌を好む。耐寒性も強いので寒冷地でも栽培できる。冬は株元にロゼット状の葉が残るので、花後から秋にかけて地際近くでカットすると、翌年また新しい芽がきれいに伸びてくる。鉢植えの場合は2年に1回は根を整理し植え替えると良い。

マホニア コンフューサ *Berberis confusa (Mahonia confusa)*

▶P23

別名　ヤナギバヒイラギナンテン、
ナリヒラヒイラギナンテン

科・属名　メギ科 メギ属

原産地　中国

草丈・樹高　1〜2m

日当たり　☀☁☁

耐寒性　❄❄❄

生活　fresh

特徴・育て方のポイント

日本でも古くから栽培されているヒイラギナンテン(B. japonica)の葉が細いタイプで、刺はなく、柔らかい葉の常緑低木。耐寒性が強く、東北南部以南での地植えが可能。性質も非常に丈夫で、目立った病虫害もない。葉の印象が柔らかく、数株まとめて植えると濃緑色の葉が建築物との相性も良いため、商業施設などでも列植して使われることが多い。冬に黄色い穂状の花が咲き、その後青黒い実をつける。耐陰性もあり、土壌も選ばず生長も緩やかで、和洋問わず取り入れられるので活用範囲は広い。黄雲という黄葉種もある。ボリュームが出すぎたら、枝先を詰めたり、間引き剪定を行う。

メリアンサス マヨール *Melianthus major*

科・属名　フランコア科
メリアンサス属

原産地　南アフリカ

草丈・樹高　1〜2m

日当たり　☀☁☁

耐寒性　❄❄

特徴・育て方のポイント

灰緑色の大きなギザギザの葉、妖艶な赤い花が印象的な常緑低木。株元から大きな葉をつけた長い枝が立ち上がり、春にその先端に30cm近い穂状の赤い花をつける。花は滴るほどの蜜があり、葉は傷つけると独特の香りがする。枝は途中で分岐せずに株元から伸び広がるので、1株でもかなりのボリュームになる。

湿り気のある水はけの良い土壌を好み、日向が望ましいが、半日程度の日が差す条件であれば問題ない。立ち上がる枝は折れやすいので、大きくなりすぎたら、花後株元で切る。寒さにはやや弱く、葉が傷むが都内でも地植えが可能。全草に毒性がある。

ヤツデ *Fatsia japonica*

ツムギシボリ

▶P14、24、49

ツムギシボリ
F. japonica 'Tsumngi shibori'

科・属名　ウコギ科 ヤツデ属
原産地　日本（東北南部以南）
草丈・樹高　1～3m
日当たり
耐寒性
生活　fresh

特徴・育て方のポイント

手のような葉の形が特異な日本原産の常緑低木。実生でも広がるため、日本だとどこにでも生えている印象を受けるが、ヨーロッパでは非常に人気があり、特に耐陰性、耐寒性ともにあるので、商業施設や公園、庭園などによく使われているのを目にする。地際から幹が多数上がり株立ちになる。11～12月に球状のクリーム色の花が咲き、その後実がなり、初夏にかけて黒く熟す。覆輪斑が入るものや網目状に白斑が入るものなど、園芸品種は特に美しく、植栽帯の中でのポイントにもなる。日向から日陰まで幅広く使え、目立った病虫害もない。鉢植えでもおもしろい。

ヤブラン *Liriope muscari* (L. platyphylla)

別名　サマームスカリ、リリオペ
科・属名　キジカクシ科（クサスギカズラ科）
ヤブラン属（リリオペ属）
原産地　日本、東アジア
草丈・樹高　20～40cm
日当たり
耐寒性

特徴・育て方のポイント

日本の樹林の下草として群生する濃緑細葉の多年草。根にピーナッツほどの塊根と言われる肉質の塊ができ、その貯蔵根があるため非常に強健。耐陰性は特に強く、暗い軒下のような厳しい条件下でも緑を維持してくれる頼れる存在。塊根は乾燥させ、去痰や滋養強壮などの生薬としても利用されている。秋に白や紫などの花が咲き、群植すると見ごたえがある。花が大きなものや、近種の小型種(*L. spicata*)の斑入り種など園芸品種も多数ある。生育旺盛なので、斑入り種などで特に葉が汚くなってきたら、新芽が出る前の春先に葉を全て株元でカットすると新芽が出て、きれいに保つことができる。

ユーホルビア ウルフェニー
Euphorbia characias ssp. *wulfenii*

▶P10、21、51、54、56、58

科・属名　トウダイグサ科
トウダイグサ属
原産地　ヨーロッパ
草丈・樹高　60cm～1.2m
日当たり　☀️☁️
耐寒性　❄️❄️
生活　fresh

特徴・育て方のポイント

ブルーグリーンの葉が非常に美しく、春に黄色い小花が集まった大きなボール状の花をつける。ユーホルビアの中では比較的丈夫だが、高温多湿下の蒸れに弱いので、水はけの良い礫や砂が混じるような土壌が向く。他のハーブ類と同様、地中海性気候を好む植物は、株元を砂利で覆うだけでも、蒸れが軽減され生育が良くなる。風通しの良い日向が望ましい。花後は汚くなるので、夏から秋口に花茎を株元で切り戻す。剪定時にカットした部分から乳液が出て、肌の弱い人はかぶれることもあるので注意が必要。病気はないがアブラムシ（p205参照）がつくことがある。

ユキノシタ　*Saxifraga stolonifera*

科・属名
ユキノシタ科 ユキノシタ属
原産地　日本、中国、朝鮮半島
草丈・樹高　10～50cm
日当たり　☁️☁️
耐寒性　❄️❄️❄️
生活　eat & drink

特徴・育て方のポイント

マット状に広がる常緑多年草。円形の葉には毛が密に生え、葉脈が模様になる。イチゴと同じような細いランナーを出し、そこから根が出て子株を増やしていく。梅雨頃に花茎を伸ばして開花する。左右相称花で5枚の花弁のうち下の2枚が大きく伸び、一つ一つは華奢だが、群生すると目をひく。耐陰性が強いので、シェードガーデンのグランドカバーとしてはもちろん、食感が良い山菜として、天ぷらやお浸しなどで食べられるので、庭のどこかに植えておくと楽しい。湿り気があり、水はけの良い土壌を好むので、常に乾燥するような場所でなければ、勝手に増えていく。増えすぎたら間引く程度の管理で良い。

ラベンダー *Lavandula*

アラルディ／デンタータ／グロッソ

アラルディ **L. allardii**　　デンタータ **L. dentata**　　グロッソ **L. × intermedia 'Grosso'**

科・属名　シソ科 ラベンダー属
原産地　地中海沿岸
草丈・樹高　50cm〜1m
日当たり ☀☁
耐寒性 ❄❄❄（品種により❄❄）
生活　fresh、dry、eat & drink

特徴・育て方のポイント

地中海からインドにかけて28種が分布している。日本の高温多湿の気候での庭植えに向くのはラヴァンディン系、デンタータ系の2系統がある。梅雨から夏にかけての蒸れに弱いので、日当たりと風通しの良い立ち上がった花壇や植栽帯が好ましく、株元を砂利で覆うと病気予防になる。大型になるアラルディは、暑さ寒さに強い

デンタータ系とスパイク系の交雑種で、葉の香りが強い。デンタータは四季咲き性で、ラベンダーの中では特に日本の気候に適しておりおすすめ。グロッソはラヴァンディン系でやや寒さに弱いが香りが強い。どの品種も花後は株の風通しを良くするため、刈り込んだり、間引き剪定を行うと良い。鉢植えのほうが管理はしやすい。

ランタナ *Lantana camara (L. hybrida)*

科・属名
クマツヅラ科 シチヘンゲ属（ランタナ属）
原産地
北アメリカ南部、ブラジル、ウルグアイ
草丈・樹高　1〜1.5m
日当たり ☀
耐寒性 ❄
生活　fresh

特徴・育て方のポイント

常緑性の低木で、初夏から秋にかけて赤、黄、ピンク、白などの花を長期間つける。日本には江戸時代に渡来し、花色が黄や橙色から赤に変わる品種（L. camara）がシチヘンゲと呼ばれ、現在はその園芸品種なども含めてランタナと呼ばれている。やせ地でも育ち、乾燥にも強いため、熱帯地方では畑地を

荒らす雑草とされている。やや寒さに弱く、寒さが厳しくなると落葉したり、枝先が枯れ込むので、暖地でも軒下や霜が降りにくいところのほうが傷みにくい。花色が暖色系で明るいため、トロピカルな演出もできる。生育は旺盛なので、サイズを維持するには年に1〜2回は剪定が必要。

135

ルー *Ruta graveolens*

▶P53

別名　ヘンルーダ
科・属名　ミカン科 ヘンルーダ属
原産地　南ヨーロッパ
草丈・樹高　60〜90cm
日当たり　☀️☁️
耐寒性　❄️❄️
生活　fresh、dry

特徴・育て方のポイント

美しい灰緑色の葉を持つ常緑多年草。葉には独特の強い香りがあり、乾燥させ防虫に使われたり、開花したときの葉を「芸香」として利用される。以前は食用ハーブとしても利用されていたが、近年は毒性があることがわかり、食用にはできない。夏に黄色い小さな花が茎の先端に咲き、その後実をつける。丈夫で耐寒性も強いので、関東でも地植えで越冬できる。剪定は伸びすぎた茎を詰めて形を整える程度だが、樹液でかぶれてしまうこともあるので注意が必要。日当たりの良い、乾燥地を好むが、半日陰くらいでも生育する。青灰色の濃い品種や新葉に斑が入る園芸品種もある。アゲハの幼虫がつく。

レウコフィルム フルテッセンス *Leucophyllum frutescens*

別名　ニーオン、テキサスセージ
科・属名　ゴマノハグサ科 レウコフィルム属
原産地　北アメリカ南部、メキシコ
草丈・樹高　1〜3m
日当たり　☀️
耐寒性　❄️❄️
生活　fresh

特徴・育て方のポイント

シルバーリーフの常緑性低木で、夏から秋にピンク色の花をつける。湿度を感知して花を咲かせるためバロメーターブッシュとも呼ばれる。日向を好み、夏の強い日差しや乾燥にも強く、砂地や塩分の多い土壌でも生育するため、多肥や肥沃の土地には向いていない。性質は比較的丈夫だが、過湿に弱く、冬期は半分ほど落葉する。新芽にアブラムシ（p205参照）や夏にハダニがつくことがある。剪定は伸びすぎた枝を整える程度で良い。肥料は必要ないがアルカリ土壌を好むため、石灰系の改良材を施すと良い。

レモンマートル *Backhousia citriodora*

▶P44

科・属名　フトモモ科 バクホウシア属
原産地　オーストラリア東部
草丈・樹高　1〜3m
日当たり　☀️🌤️☁️
耐寒性　❄️❄️
生活　fresh、dry、eat & drink

特徴・育て方のポイント

オーストラリアの亜熱帯の多雨林に自生する常緑低木。葉にはレモン以上にシトラールという香り成分が含まれており、葉をこすると強いレモンの香りがする。料理やお茶、香料として利用され、先住民の間では薬草としても使われていたと言われている。植栽帯の骨格や目隠しとして活用できる。開花には適度な日照が必要だが、林に自生するため日向はもちろん、かなりの日陰下でも生育する。初夏から夏にかけて、クリーム色の花が咲く。非常に丈夫で目立った病虫害もないが、寒さにやや弱いため、冬期に寒風が当たらないような場所が望ましい。寒さが厳しいと葉が茶色く傷む。

ローズマリー *Salvia rosmarinus*

▶P34、56、58、59

別名　マンネンロウ
科・属名　シソ科 アキギリ属
原産地　地中海沿岸
草丈・樹高　50cm〜1.5m
日当たり　☀️🌤️
耐寒性　❄️❄️❄️
生活　fresh、dry、eat & drink

特徴・育て方のポイント

常緑性のハーブとしては定番の存在。ヨーロッパでは薬用や香辛料として広く用いられており、日本でも近年はかなり普及している。生育タイプ別に立性、半匍匐性、匍匐（下垂）性と3種類あり、立地条件に合わせて選ぶこともできるので、とても使いやすい。花色は青紫花を中心に、白、ピンクなどもある。水はけの良い土壌で、乾燥気味に育てると良い。軒下や風通しの悪いところではハダニがつきやすい。ついてしまった場合は切除し、新芽を吹かすようにする。株が古くなると下端が枯れ込むので、定期的に太い枝を切除し更新すると良い。生育は旺盛なので、定期的に刈り込んだり、枝の間引きが必要。

ロータス ブリムストーン
Dorycnium hirsutum 'Brimstone' *(Lotus hirsutus* 'Brimstone')

▶P22、24、46、56、59、61

科・属名　マメ科
　　　　ドリクニウム属（ミヤコグサ属）
原産地　地中海沿岸、ポルトガル
草丈・樹高　30cm〜1m
日当たり　☀
耐寒性　❄❄❄
生活　fresh、dry

特徴・育て方のポイント

毛に覆われた灰緑色の小さい葉を持ち、新芽が黄色からクリーム色になる。その葉色のグラデーションが美しく、やさしい色合いの常緑亜低木。初夏から夏にかけて伸びた枝の先に、ピンクがかった白い花が咲く。見た目のわりには耐寒性が強く、−10度前後まで耐えることができ、潮風にも強い。蒸れには弱いので、水はけの良い土壌でやや乾燥気味に育てると良い。茎が柔らかく、倒れながら伸びるので、立ち上がった花壇や植栽帯は風通しも良いためベストな場所と言える。花後、刈り込んで風通しを良くする。ラベンダー（p135）やタイム（p113）同様、株元に砂利を撒くだけでも、泥跳ねが減り、生育が良くなる。

ローリエ アングスティフォリア
Laurus nobilis 'Angustifolia'

▶P20、30、31、53

基本種

科・属名　クスノキ科 ゲッケイジュ属
原産地　地中海沿岸
草丈・樹高　1〜3m
日当たり　☀☁
耐寒性　❄❄❄
生活　fresh、dry、eat & drink

特徴・育て方のポイント

ローリエ（月桂樹）は日本では古くから庭木として利用されてきているが、本種はやや小型の細葉タイプ。縁にひだがある柳に似た葉は、月桂樹と同じように香りが良く、料理にも利用できる。基本種よりも大きくならないため、庭での活用範囲は広い。特に細い葉は軽い印象になるので、ハーブ類や菜園コーナーと組み合わせるのもおすすめ。水はけの良い肥沃地で、日当たりと風通しの良い場所が理想的。基本種同様、鉢植えにも向いている。刈り込みもできるが、伸びすぎた枝を詰める程度のほうが自然な感じになる。カイガラムシ（p204参照）がついた場合は歯ブラシなどで掻き落とす。雌雄異株で、春に小さい黄色の花が咲き、雌木にはその後実がつく。

ロニセラ ニティダ *Lonicera nitida*

レッドチップ／オーレア

▶P14、24

ニティダ

科・属名 スイカズラ科 スイカズラ属(ロニセラ属)
原産地 中国
草丈・樹高 60cm〜1.5m
日当たり ☀️ ⛅
耐寒性 ❄️ ❄️ ❄️

特徴・育て方のポイント

寒さに強く−15度くらいまで耐えられる常緑性の低木。花というよりはボリュームのあるグランドカバーやグリーンとしての扱いだが、園芸品種は葉色のバリエーションが多く、ツゲのように列植して低い生け垣にしたり、主幹を立てて上部をボール状に刈り込む仕立て方がおすすめ。黄葉のオーレアや覆輪黄斑のレモンビューティー (*L. nitida* 'Lemon Beauty')、新芽が赤紫色になるレッドチップなどがある。春に小さいクリーム色の花が咲く。腐植質の多い、水はけの良い土壌を好む。枝が伸びてくるので、刈り込んで徐々に密にしていくと良い。

レッドチップ *L. nitida* 'Red Tip'　　オーレア *L. nitida* 'Aurea'

ワイルドブルーベリー *Vaccinium darrowii*

別名 ネイティブブルーベリー、
ジョウリョクブルーベリー
科・属名 ツツジ科 スノキ属
原産地 アメリカ
草丈・樹高 50cm〜1m
日当たり ☀️ ⛅
耐寒性 ❄️ ❄️ ❄️
生活 fresh、eat & drink

特徴・育て方のポイント

葉の観賞価値も高く、実も楽しめる常緑性のブルーベリー。1cmほどの小さい青白い美しい葉を持ち、初夏から夏にかけて釣鐘状の花をつけた後、実がなる。実は生食もできるが、落葉性のブルーベリー (p186) よりも小さく、ジャムなどの加工用に向く。サイズもコンパクトにまとまるので、植栽帯の手前などに数株まとめて植えると葉色が際立つ。半日陰でも生育し、ピートモスをよく鋤き込んだ、やや酸性に傾いた保水と水はけを兼ねた土壌が理想的。剪定はほとんど必要なく、枯れ枝を取る程度で、目立った病虫害もない。年に1〜2回ピートモスを株元に埋めると良い。

ツル性

分類学的にはツル性でないものも含まれますが、
上部に伸び、壁や構造物に這わすことができるようなタイプや、
下垂したり壁に付着して広がるタイプのものを選んでいます。
建築物の印象や空間全体を和らげるような、
立体的な演出には欠かせない種類です。

オオイタビ *Ficus pumila*

科・属名　クワ科 イチジク属（フィカス属）
原産地　インド〜日本の温暖・亜熱帯地域
草丈・樹高・長さ　2〜10m以上
日当たり　☀️⛅
耐寒性　❄️❄️
生活　fresh、eat & drink

特徴・育て方のポイント

観葉植物として小さいポットの斑入り種が多く知られているツル性の常緑低木。葉は幼木のうちは1〜2cm大で小さくかわい印象だが、地植えにして株が大きく生長してくると、5〜6cm大の卵形になり、別種の植物のようになる。気根を多数出し、壁や他の樹木に付着し上っていくので、誘引資材も必要なく、ブロック塀などに這わせるには適している。強健で目立った病虫害もないが、株が大きくなると生長も早くなるので、はびこりすぎない程度の剪定は必須。耐潮性もあり、雌雄異株でどちらも花が咲き実をつける。雌木の実はピンポン玉程度の大きさで、黒く熟すと食べられる。

キヅタ *Hedera rhombea*

別名　フユヅタ
科・属名
ウコギ科 キヅタ属
原産地
日本、朝鮮半島南部、台湾
草丈・樹高・長さ
10m以上
日当たり　☀️⛅☁️
耐寒性　❄️❄️❄️
生活　fresh

特徴・育て方のポイント

ヘデラ（*H. helix*）の仲間で日本に自生するツル性の常緑低木。雰囲気のある背景をつくる役割として、音楽のベースのような働きをする。濃緑葉でしっかりと覆いたい壁などには非常におすすめ。秋から冬にかけてクリーム色の花が咲き、その後黒い実をつける。実は生花店ではアイビーベリーとして流通しており、斑入り種もある。気根を多数出し、付着して樹や壁面を上るので、特に誘引資材は必要ない。植えつけ初期の生長は遅いが、しっかり根付いてからは樹勢が強くなり生育も早くなるので、限られたスペースの場合は間引き剪定が必要になる。目立った病虫害もない。

アーマンディー

クレマチス アーマンディー *Clematis armandii*

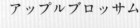

アップルブロッサム

アップルブロッサム
C. armandii 'Apple blossom'

科・属名	キンポウゲ科 センニンソウ属
原産地	中国中部〜南部の高山帯
草丈・樹高・長さ	5〜10m
日当たり	☀ ⛅
耐寒性	❄ ❄ ❄
生活	fresh

特徴・育て方のポイント

クレマチスの中でも−10度くらいまで耐寒性があり、花付きもよい、おすすめの品種。性質は丈夫で大きくなるので地植え向き。ツルは太くなり、葉も他のクレマチスと比べ、大きい。小さいアーチやパーゴラだとボリュームが出すぎてしまうので、広い壁面に誘引すると良い。梅雨以降、葉腋（葉と茎の接するところ）に花芽がつき、翌年春に香りの良い白い花が咲く。剪定は込み入ったところを間引く程度だが、梅雨までに行うようにする。有機質に富んだ湿り気のある水はけの良い土壌が理想的。午前中だけ日が当たる程度の場所でも十分開花する。葉の先端が黒くなった場合は病気なのでカットして、菌が広がらないようにする。

コバノランタナ *Lantana montevidensis*

科・属名	クマツヅラ科 ランタナ属（シチヘンゲ属）
原産地	南アメリカ
草丈・樹高・長さ	1〜3m
日当たり	☀
耐寒性	❄ ❄

特徴・育て方のポイント

木立性のランタナ(p135)と違い、ツル状に広がるタイプで、春から秋まで長期にわたってピンクや白の花を咲かせる。ランタナよりも耐寒性は強く、しっかり根付けば−4〜5度くらいまでは耐えられるが落葉する。葉や茎をこするとシソに似た独特の香りがする。大きく広がるので広範囲のグランドカバーとして使える他、立ち上がった花壇や擁壁の上などから垂らすように使うと良い。支持物があれば壁面などにも絡んで広がるほど生育旺盛。水はけの良い土壌で、乾燥気味が理想。耐潮性もあるので海岸に近いエリアでも活用できる。種子や葉に毒性成分があり、皮膚が弱い人は注意が必要。

コンボルブルス サバティウス *Convolvulus sabatius*

▶P59

科・属名 ヒルガオ科
　　　　 セイヨウヒルガオ属（コンボルブルス属）
原産地 地中海沿岸
草丈・樹高・長さ 50cm～2m
日当たり ☀
耐寒性 ❄❄

特徴・育て方のポイント

株元が木質化する常緑多年草。マット状に広がり、4～6月にかけて次々と青紫や白い花を咲かせる。下垂タイプの植物ではとてもおすすめ。蒸れやすいので、グランドカバーとしてよりは、日当たりが良い斜面や擁壁、立ち上がった花壇の上から垂らすように使うと効果的。

寒さにはやや弱いが、関東南部沿岸地域以西では地植えでも越冬する。地中海性の植物なので、水はけが良い土壌を好み、株元を砂利で覆うと蒸れにくくなる。鉢植えにも向いている。剪定は伸びすぎた部分をカットする程度で、目立った病虫害もない。

サッコウフジ *Millettia reticulata*

別名 ムラサキナツフジ、タイワンサッコウ
科・属名 マメ科 ナツフジ属
原産地 台湾～中国南部
草丈・樹高・長さ 2～5m
日当たり ☀☁
耐寒性 ❄❄

特徴・育て方のポイント

真夏に鮮やかな赤紫の香りのある花をつける常緑性のフジ。花は房状だが、一般的なフジと違い上向きに咲き、葉は厚い。花色に個体差があり、その選抜品種が盆栽によく使用される。それを増殖したものが薩摩サッコウと呼ばれているもの。紫サッコウ、白サッコウなどは、丸葉や細葉など葉形も違う。目立った病虫害はな

い。フジよりも樹勢は弱く、それほどツルを伸ばさないので管理はしやすい。関東以南では地植えで越冬できるが、寒さが厳しいと葉を落とす。立体的にボリュームが出るので1本で仕立てても、目隠し的にフェンスに絡ませても良い。鉢植えにも向いており、置き場所は北風のあまり当たらない日向が良い。

スタージャスミン *Trachelospermum jasminoides*

▶P17、22、35、39、49、59

別名
トウテイカカズラ、トウキョウチクトウ
科・属名
キョウチクトウ科 テイカカズラ属
原産地 中国、台湾
草丈・樹高・長さ 10m
日当たり ☀️⛅
耐寒性 ❄️❄️❄️

特徴・育て方のポイント

壁面をしっかり覆い、かつ香りの良い可憐な花も楽しめる優秀なツル性植物。同じ仲間のテイカカズラよりも葉はやや大きく、花色は白い。濃い緑の葉を背景に星のように咲くのでスタージャスミンと呼ばれ、テイカカズラ(T. asiaticum)よりも爽やかな香りがする。耐陰性もあり、花付きは悪くなるが日当たりが悪い場所での緑化にも使用できる。絡まって伸びていくので、針金や網状の支持物への誘引が必要になる。風通しの悪いところだとコナカイガラムシ(p205参照)がつくことがあるが、他の病虫害はほとんどなく、丈夫で育てやすい。環境が良いとかなりボリュームが出て生け垣状になるので、花後に間引きや刈り込み剪定が必要になる。

ソケイ *Jasminum officinale (Jasminum grandiflorum)*

別名 コモンジャスミン、オオバナソケイ
科・属名 モクセイ科 ソケイ属
原産地 南アジア、中国西部
草丈・樹高・長さ 3～10m
日当たり ☀️⛅
耐寒性 ❄️❄️
生活 fresh

特徴・育て方のポイント

コモンジャスミン(J. officinale)とその改良品種で花の大きいオオバナソケイ(J. grandiflorum)ともにソケイと呼ばれている。ジャスミン特有の甘い香りが強く、香料の原料にされる。花数は少ないが夏から11月頃まで咲き続ける。ツル状に伸びるが、ハゴロモジャスミン(p146)のようにツルが巻きつかず、他の樹木や構造物に引っかかり広がる性質(攀縁性(ハンエンセイ))を持つので、支持物のそばに植えて誘引するか、立ち上がりから垂らすように植えると良い。耐寒性はあるが寒さが厳しいと葉が落ちる。軒下や寒風が当たらない暖かい場所が望ましい。水はけの良い土壌を好む。

ツルハナナス *Solanum jasminoides (laxum)*

▶P17

科・属名
ナス科 ナス属
（ソラナム属）

原産地 ブラジル

草丈・樹高・長さ
3〜6m

日当たり ☀☁

耐寒性 ❄❄

特徴・育て方のポイント

生長が早く、初夏から秋にかけて柔らかなツルを伸ばし、涼しげな白や紫の房状の花を咲かせる。花色は白から紫に変化するものや、白いままのものもある。混同されやすい日本の山野に自生するヤマホロシ (*S. japonense*) とは別種になる。ある程度の耐寒性はあるが冬期、寒風に当たると葉枯れや枝枯れを起こす。軒下や風通しの悪い場所ではカメムシがつくことがあるが、それ以外は目立った病虫害はない。格子状のフェンスや大きなパーゴラなどへの誘引がおすすめだが、擁壁の上から下垂させても良い。生育が旺盛なので、狭いスペースなら年に2回くらいの間引き剪定が必要になる。全草に毒性成分がある。

ハーデンベルギア *Hardenbergia violacea*

▶P30

別名 コマチフジ

科・属名 マメ科 ハーデンベルギア属

原産地 オーストラリア南東部

草丈・樹高・長さ 1〜5m

日当たり ☀☁

耐寒性 ❄❄

生活 fresh

特徴・育て方のポイント

常緑性のツル性花木で、早春から春に鮮やかな紫や白の房状の花をつけ、ほのかに香る。葉はかたくしっかりしている。生育旺盛で巻きついて広がっていくタイプなので、フェンスやパーゴラに誘引資材をつけ誘引すると良い。株が小さいうちは耐寒性が劣るので、寒風が当たらない場所や軒下に植えるか、最初の冬は寒冷紗などで株全体を覆うと良い。弱酸性の湿り気のある水はけの良い土壌が理想的。鉢植えにも向いているので、寒冷地なら移動ができる大きな鉢での栽培が望ましい。夏に乾燥するとハダニがつきやすくなるため、軒下のような葉に水がからないような立地の場合は、葉水をかけると良い。剪定は秋までに行う。

ハゴロモジャスミン *Jasminum polyanthum*

科・属名
モクセイ科 ソケイ属

原産地 中国（雲南省）

草丈・樹高・長さ 2〜10m

日当たり ☀️⛅☁️

耐寒性 ❄️❄️

生活 fresh

特徴・育て方のポイント

非常に強健で、花付きは悪くなるが日陰でも生育する。北側の目隠しフェンスなどでも機能する貴重な常緑ツル性植物。関東南部では地植えで越冬する。春に咲く房状の花は、遠くからでも気づくほどの濃厚な甘い香りを放ち、蕾はピンクで、開くと白い。生育が非常に旺盛なので、広い面積の壁やフェンスへの使用が向いている。特に日当たりが良い立地での小さいアーチやパーゴラへの誘引は暴れすぎてしまうため不向き。株が大きくなると、ツルが地表を這い広がっていくので、定期的な剪定が必要。蕾がついた後に氷点下になると、花が咲かなくなる場合がある。目立った病虫害はない。

プルンバーゴ *Plumbago auriculata*

別名 ルリマツリ、プルンバゴ

科・属名 イソマツ科
ルリマツリ属（プルンバーゴ属）

原産地 南アフリカ

草丈・樹高・長さ 1〜4m

日当たり ☀️

耐寒性 ❄️❄️

生活 fresh

特徴・育て方のポイント

初夏から秋口までの長期間、爽やかな水色や白の手毬状の花を咲かせる。分類的にはツル性ではないが、茎や枝を他の樹木や構造物に引っかかり広がる性質（攀縁性）があり、支持物があれば4m以上も上る。このため、フェンスや構造物などに絡ませてツル植物と同じような使い方や、擁壁や斜面の上から下垂させるような植え方も可能。水はけの良い土壌で日当たりが良い立地が望ましい。暖地では葉が残るが、寒さが厳しいと葉を落としたり、茶色くなったり、枝枯れする。生育は旺盛で暴れやすいので、刈り込んだり間引くような剪定が必要。鉢植えにも向いている。

シェイプ

植物全体のフォルムが特徴的な種類で、
アーキテクチュラルプランツ（Architectural Plants）と呼ばれるような
種類も含まれます。特に植栽帯の中で目をひくものや、
鉢植え単体でもしっかりと主張するようなタイプなので、
庭や空間の中でアクセントとしても活躍します。

アガベ *Agave* ▶P15、39、59

ブルーグロー／
パリー トランカータ／
デスメッティアナ／
ベネズエラ／アテナータ／
ジェミニフローラ／
アメリカーナ

科・属名
キジカクシ科（クサスギカズラ科）アガベ属
原産地
北・中央・南アメリカ、西インド諸島
草丈・樹高　10cm〜1.8m
日当たり　☀
耐寒性　品種により異なる

特徴

観葉植物として以前から流通はしていたが、個性的な形状と品種の豊富さで近年非常に人気が高まってきた。日本へは江戸時代頃に渡来し、1960年代以降多くが輸入されるようになった。葉は放射状に展開するロゼットをつくり、先端に刺を持つものが多い。ロゼットの直径は、小さいものは4〜5cmから大型種は5〜6mにもなる。一部の品種は繊維やお酒、シロップの原材料として栽培されている。シサラナ(A. sisalana)はサイザル麻として、テキラーナ(A. tequilana)は茎がシロップやテキーラの原材料になっている。

育て方のポイント

水はけの良い土壌で日に良く当て、乾燥気味に育てるのが基本。耐寒性は種類によって異なるが、どの品種も暖かいほうが良く、耐寒性があっても寒さが厳しいと葉が傷むことが多い。ただし、傷んでも中心の生長点が枯れていなければ、春以降、葉が伸びてくる。雨に当たると傷む品種もあり、品種によっては軒下に移動できる鉢植えでの栽培が望ましい。病虫害は比較的少ないが、カイガラムシ(p204参照)やスリップス(アザミウマ)がつくこともある。メンテナンスは外側の枯葉を取り除くくらいでよい。成熟に長い年月がかかり、開花すると本体は枯死すると言われている。

ブルーグロー

ブルーグロー　A. 'Blue Glow'
耐寒性 ❄ ❄ ❄

パリー トランカータ　A. parryi var. truncata
耐寒性 ❄ ❄

ベネズエラ
A. desmettiana 'Variegata'
耐寒性 ❊ ❊

デスメッティアナ A. desmettiana
耐寒性 ❊ ❊

アテナータ A. attenuata
耐寒性 ❊

ジェミニフローラ A. geminiflora
耐寒性 ❊ ❊ ❊

アメリカーナ A. americana
耐寒性 ❊ ❊ ❊

ストリアツラ　A. striatula
耐寒性 ❄❄

アロエ Aloe

ストリアツラ／ラモシシマ／
アルボレセンス

科・属名

ワスレグサ科 アロエ属
（ツルボラン科、ユリ科で分類される場合もあり）

原産地　アフリカ、アラビア半島、ソコトラ島、
マダガスカル、マスカリン諸島

草丈・樹高　20cm〜2m

日当たり　☀

耐寒性　品種により異なる

生活　fresh、eat & drink

ラモシシマ　A. ramosissima
耐寒性 ❄

特徴

放射状に広がる多肉質の葉が特徴的。植栽帯
のアクセントにしたり、鉢植えでテラスなどに
置いたりしてもおもしろい。品種によって葉色
や大きさ、開花期などが異なる。ストリアツラ
は初夏に黄色と橙色のグラデーションの花が
咲き、耐寒性も強くおすすめ。アロエは紀元
前からアフリカで生薬として利用されていた
と言われる。日本でも昔から身近なキダチア
ロエ（アルボレセンス）は、胃腸症や便秘症に新鮮
な葉の液汁を内服したり、葉の粘液を火傷や
損傷の皮膚の幹部に塗るなどして利用されて
いる。アロエベラ（A. vera）やキダチアロエは葉
のゼリー状の部分は食用になる。

育て方のポイント

耐寒性のあるものは暖地なら露地でも越
冬できる。都市部でもストリアツラやアル
ボレセンス、ディコトマ（A. dichotoma）などの
品種は地植えでも扱われているが、気温の
下がりにくい場所が良く、南向きの軒下な
どは好環境と言える。ラモシシマのように
一部耐陰性の強い品種もある。水はけの良
い土壌で、基本的には日当たりが良い場所
が理想。乾燥気味に育てるが、真夏と真冬
は水やりを控えたほうが良い。鉢植えにも
向くが根詰まりすると貧相な姿になるので、
定期的な植え替えや液肥などを施すこと
で生育が良くなる。

アルボレセンス　A. arborescens
耐寒性 ❄❄

アルボレセンスの花

オーストラリス *C. australis*
樹高3〜10m。耐寒性 ❄ ❄

ストリクタ *C. stricta*
樹高2〜3m。耐寒性 ❄

トーベイダズラー
C. australis 'Torbay Dazzler'
樹高2〜4m。耐寒性 ❄ ❄

コルジリネ *Cordyline*

▶P15、29、59

オーストラリス／ストリクタ／
トーベイダズラー／ピンクシャンパン／アトロプルプレア

科・属名
キジカクシ科
（クサスギカズラ科）
コルジリネ属
（センネンボク属）

原産地 東南アジア、
オーストラリア、
ニュージーランド

草丈・樹高 50cm〜6m

日当たり ☀ ⛅ ☁

耐寒性 品種により異なる

ピンクシャンパン *C. australis* 'Pink Champagne'
樹高1〜2m。耐寒性 ❄ ❄

アトロプルプレア
C. australis 'Atropurpurea'
樹高2〜4m。耐寒性 ❄ ❄

特徴

ニュージーランド原産のコルジリネ オ
ーストラリス（ニオイシュロラン）は、造園
樹として昔から普及しており、ドラセ
ナ（*Dracaena*属）とも呼ばれるが、植物学
的には別種。肉質の地下茎があること、
花の形状が違うことなどで、はっきり
区別される。オーストラリスは寒さに強
く、初夏に白い花をつけ、年数が経つ
と株元が肥大する。

育て方のポイント

メンテナンスは、下のほうから枯れてくる葉を取り除く
程度でよい。丈を詰める場合は、生長期の春に行うのが
良く、幹を切ると脇芽が出てくる。水はけの良い土壌で、
日向もしくは半日程度の日が差すところが望ましい。ア
トロプルプレア、トーベイダズラーはともに、オーストラ
リスよりは耐寒性がやや劣り、小型。ピンクシャンパン
は、葉張りも高さも小さく、狭いスペースでも使いやす
い。ストリクタは寒さに弱いが、耐陰性が強いので、日
陰の軒下や風が抜けないような場所では外でも活用で
きる。どの品種も鉢植えにも向いている。

カレックス *Carex*

エヴァリロ／ブロンズカール／ブキャナニー／パニセア／
テスタセア／エヴェレスト／キウイ ▶P20、21、30、46、51、54、57

科・属名

カヤツリグサ科
スゲ属（カレックス属）

原産地 世界各地

草丈・樹高 20cm～1m

日当たり ☀ ☁ ☁

耐寒性 ❄ ❄ ❄

特徴

世界中に約2000種もあり、日本にもいくつか自生する。園芸品種はニュージーランド産や日本のオオシマカンスゲ（*C. oshimensis*）の改良品種が多い。エヴァリロは、日本産の改良品種で非常に強健。鮮やかなライムグリーンの葉は冬に黄色みが強くなる。エヴェレストも日本産の改良品種で縞斑が日陰を明るくする。以下は全てニュージーランド産。キウイは、風になびく柔らかい葉が魅力。ブキャナニーは、立性の濃い茶色の葉が印象的。テスタセアは冬の紅葉が特に美しい。ブロンズカールは葉が細くやさしい印象だが、蒸れに弱い。パニセアは数株まとめて植えるとブルーの葉が引き立つ。

育て方のポイント

特に日本産の改良品種は非常に丈夫で、日陰や軒下などの乾燥した条件でもしっかりと生育するのでおすすめ。ニュージーランド産は耐寒性がやや劣り、蒸れに弱いものが多いので、水はけの良い土壌で、風通しの良い環境が望ましい。日向もしくは半日陰が適する。病虫害はほとんどなく、手入れは花穂や傷んだ葉をカットし、大きくなりすぎた場合は株分けを行う。活用範囲は広く、単体でポイントにしても、数株まとめて植えボリュームを出しても、全体が軽い印象になる。

エヴァリロ
C. oshimensis 'Everillo'

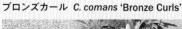
ブロンズカール *C. comans* 'Bronze Curls'

パニセア　*C. panicea*

テスタセア　*C. testacea*

ブキャナニー　*C. buchananii*

キウイ　*C. flagellifera* 'Kiwi'

エヴェレスト
C. oshimensis 'Everest'

シュロ *Trachycarpus fortunei*

トウジェロ

トウジェロ *T. wagnerianus*

科・属名　ヤシ科 シュロ属
原産地　日本(九州南部)、中国(広州市)
草丈・樹高　5〜10m
日当たり
耐寒性

特徴・育て方のポイント

実生でも良く発芽するため、日本ではあちこちで見かけるが、ヤシ科ではもっとも耐寒性が強く、−15度くらいまで耐えることができる。特徴的なフォルムと強健性のため、ヨーロッパではとても人気がある。耐陰性も強く、鉢植えでも管理しやすい。病虫害もなく、傷んだ葉や花柄をカットする程度だが、一度植えると小さくはできないので、植える場所には吟味が必要。近種のトウジェロは、シュロよりも葉が小さく、葉先が垂れないのが特徴で、コンパクトでスタイリッシュな印象。幹のまわりに生える繊維は、縄や箒などに使われている。

ディクソニア アンタルクティカ *Dicksonia antarctica*

別名　ソフトツリーファーン
科・属名　タカワラビ科 ディクソニア属
原産地　オーストラリア東南部、
　　　　ニュージーランド
草丈・樹高　2〜5m
日当たり
耐寒性

特徴・育て方のポイント

リゾート感やエキゾチックな雰囲気を演出するにはおすすめの木性シダ植物。−5度前後までの耐寒性はあるが、傷みは出るので、株が小さいうちは寒冷紗や藁などで幹の頂部が凍らないよう養生を行うと良い。生長は遅く、幹の部分は1年に数cmしか伸びないが、地植えにすると葉張りは1m以上になる。日向でも良いが強い日差しを受けると葉焼けを起こすので、明るい日陰が理想的。適度に湿った水はけの良い土壌を好み、水やりは幹の頂部にしっかり水がかかるようにたっぷり行い、葉全体にも与える。気温が下がる11月以降は控えめにするが、幹まわりには週に1〜2回水やりすると良い。鉢植えにも向いている。

ニューサイラン *Phormium*

プルプレウム／クリームデライト／
レインボークイーン／ブラックアダー／
ドワーフバリエガタ

▶P14、18、33、60

別名　マオラン
科・属名
ワスレグサ科(ツルボラン科)フォルミウム属
原産地　ニュージーランド
草丈・樹高　50cm〜3m
日当たり ☀️ ⛅
耐寒性 ❄️ ❄️

プルプレウム
P. tenax 'Purpureum'
草丈1〜3m

特徴

大きさや葉色の種類が豊富で、植栽帯のポイントには非常に使いやすい常緑多年草。鉢植えにも向いており、テラスや庭のシーンづくりにも活用できる。ニュージーランドの原住民の間では昔から、さまざまな形で利用されてきている有用植物で、花からは蜜を採取し、花茎で筏（イカダ）を編み、根は薬用にされている。特に葉からとれる繊維は、織物や縄、魚網などに使われていたため、ニュージーランド麻とも呼ばれている。

育て方のポイント

基本的にはグリーンとして楽しむが、条件が揃い、株が充実すると初夏に株元から花茎を伸ばして花が咲く。水はけの良い土壌で、日向が望ましい。性質は丈夫だが、夏の乾燥に弱いので、灌水はしっかり行う。耐寒性はあるが、暖地でも冬期に寒風が強く当たるところは避けたい。目立った病虫害もなく、手入れは外側の枯葉や傷んだ葉を取り除く程度。年に2〜3回、緩効性の肥料を施すと生育が良くなる。

クリームデライト
P. cookianum 'Cream delight'
草丈1〜1.5m

レインボークイーン　*P.* 'Rainbow Queen'
草丈1〜1.5m

ブラックアダー　*P. cookianum* 'Black Adder'
草丈80cm〜1.2m

基本種　*P. tenax*
草丈1〜3m

ドワーフバリエガタ
P. Dwarf Variegated
草丈60〜90cm

ビロウヤシ *Livistona Chinensis* var. *subglobosa*

▶P15、21

別名　クバ
科・属名　ヤシ科 ビロウ属
原産地　日本（九州・四国南部・南西諸島）
草丈・樹高　5〜10m
日当たり　☀️🌥️
耐寒性　❄️❄️

特徴・育て方のポイント

日本に自生する中国原産のシナビロウ（*L. chinensis*）の変種の一つ。開花の回数や種子の形状でシナビロウ、オガサワラビロウやダイトウビロウなどと分けられるが、ともにビロウヤシとして流通している。庭木としてのヤシの中では、刺もなく、扱いやすいサイズ感で耐寒性もある。リゾート感を演出するのにはおすすめの品種。与那国島ではクバと呼ばれ、かごやうちわなどの工芸品や餅を包むなどの伝統料理にも使用されている。関東南部沿岸以西の地域では露地植えで越冬する。春に葉のつけ根から花茎を伸ばし房状のクリーム色の花が咲く。耐陰性も強いので、幼木を日陰のグリーンとして活用するのもおもしろい。

ヘスペラロエ パルビフローラ *Hesperaloe parviflora*

別名　レッドユッカ
科・属名
キジカクシ科
ヘスペラロエ属
原産地
メキシコ、
アメリカ（テキサス州）
草丈・樹高　1〜1.5m
日当たり　☀️
耐寒性　❄️❄️❄️
生活　fresh

特徴・育て方のポイント

株元から細長い葉を放射状に出す多肉植物。茎を持たず、濃緑色の葉の縁はささくれ、巻きひげ状の白い糸のようになり、冬期は株全体が紫色に紅葉し美しい。初夏から夏にかけて株の基部から花茎が50cm〜1.5mほど立ち上がり、釣鐘形の朱色の目立つ花が咲く。その後2〜3cmのホオズキのような実をつける。耐寒性は強く、乾燥、風にも強い。水はけの良い、日向が理想。花付きは悪くなるが半日陰でも生育する。冬期は水を減らして乾燥気味に育てる。目立った病虫害はなく、手入れも花後の花茎をカットする程度でほとんど手がかからない。

タニカ *L. longifolia* 'Tanika'

ロマンドラ *Lomandra*

タニカ／ロンギフォリア

▶P15、18、51、55、61

科・属名
キジカクシ科（クサスギカズラ科）
ロマンドラ属
原産地 オーストラリア
草丈・樹高 50cm〜1.5m
日当たり ☀️⛅
耐寒性 ❄️❄️

特徴

原産のオーストラリアでは全土に約50種が広がり、園芸品種や大きさも豊富な常緑多年草。非常に丈夫で、湿潤地から乾燥地までほとんどの生育条件に耐えるが、日本では乾燥気味で蒸れない環境が望ましい。根が密にしっかり張るため、土留めや法面への植栽にも向いている。耐潮性もあるので、海岸地域の植栽にも活用できる。植栽帯のアクセントにする他、数株まとめて植えると見ごたえが出る。初夏から夏に葉の間から穂状の花が伸びる。

育て方のポイント

ロンギフォリアは、葉が1cmほどの幅の面状で、原住民のアボリジニがかごを編んだことから、バスケットグラスと呼ばれている。高さ、幅ともに1.5mくらいに大きくなるため、狭いスペースの場合は数年ごとに株を低く刈り込むか、間引きが必要。タニカは乾燥や寒さには強いが、過湿には弱い。伸びすぎて乱れてきたら、早春に株元から20cmくらいの高さで刈り込んで新芽を伸ばすと良い。どちらも春に緩効性肥料を施すと生育が良くなる。

ロンギフォリア
L. longifolia

花

ギガンテア バリエガタ　Y. elephantipes var. gigantea 'Variegata'
耐寒性 ✳✳

ロストラータ　Y. rostrata　耐寒性 ✳ ✳ ✳

ユッカ *Yucca*

ギガンテリア バリエガタ／ロストラータ／フィラメントーサ バリエガタ（イトラン）／
グロリオサ バリエガタ／フィリフェラ／グロリオサ（アツバキミガヨラン）／エレファンティペス

▶P13、21、25、39、58

科・属名
キジカクシ科（クサスギカズラ科）ユッカ属（イトラン属）
原産地　北・中央・南アメリカ
草丈・樹高　50cm〜3m
日当たり　☀🌥☁
耐寒性　品種により異なる

特徴
南北アメリカ大陸の乾燥地帯に約60種分布している。小型
種のフィラメントーサ バリエガタは耐寒性が強く、ほとんど
立ち上がらない。葉縁にねじれた繊維を糸状に出す。ロストラ
ータは耐寒性が強く、葉先がやや刺状になり、ブルーの葉色
が美しい。フィリフェラは、葉先が鋭い刺状に密につき、単幹
で背が高くなる。グロリオサは、耐寒性が強く、葉はかたく厚
みがあり、高さは1〜2mになる。エレファンティペスは、葉の
先端に鋭い刺がないスピンレスユッカと言われ、観葉植物と
して知られている。暖地では地植えもでき、都心でも軒下や
寒風の当たらないような場所なら越冬できる。

育て方のポイント
どの品種も水はけの良い土壌を好み、手もあまりかからない。
株が充実すると初夏から夏に長い花茎が伸び、白やクリーム
色の花が咲くので、開花後に花柄や葉柄ををカットする程度
のメンテナンスで維持できる。冬期は水を控えめにする。

フィラメントーサ バリエガタ（イトラン）
Y. filamentosa 'Variegata'
耐寒性 ✳✳

グロリオサ バリエガタ
Y. gloriosa 'Variegata'
耐寒性 ✳ ✳ ✳

フィリフェラ
Y. filifera
耐寒性 ✳ ✳

エレファンティペス
Y. elephantipes
耐寒性 ✳

グロリオサ（アツバキミガヨラン）
Y. gloriosa
耐寒性 ✳ ✳ ✳

再利用する

植物を育てていると必ず出てしまう剪定ごみや雑草、野菜などの収穫後の屑も
コンポストを使えば、捨てずに肥料として還元することができます。
キッチンで出た生ごみも活用し、合わせて使うとより効果が高い肥料になります。

How to make

市販の生ゴミ処理容器。密閉型で蓋を完全に閉めていれば虫はまったく出ません。室内が理想ですが、ぬか漬けのような臭いがするので、置き場所は軒下などの日光と雨が当たらず温度変化が少ない外が良いでしょう。

生ごみ処理容器

生ごみの処理は、キエーロや電気タイプ処理機などさまざまなものがあります。ここでは、EM菌を利用する生ゴミ処理容器を紹介していますが、自分の生活スタイルや環境に合ったものを選び、無理なく続けられるものがいちばんです。どのタイプでも処理後に出たものは堆肥や肥料になるので、「捨てる」から「つくる」という意識で行うと、堆肥も育てるという意識がわき、楽しく続けられます。

中はザル状になっていて、下に余分な水分が溜まります。この上に新聞紙を敷きます。

動物性のものを入れる場合は、ぼかしを多めに入れます。3を繰り返し行い、白い菌が出て、ぬか漬けのような臭いが出れば順調です。

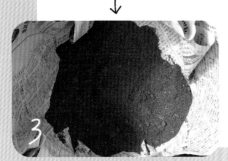

新聞紙の上に米ぬかを原料とした市販のEMぼかしを敷きその上に生ごみを入れ、さらに上にもぼかしを振りかけ混ぜます。卵の殻などかたいものや大きなものは小さく砕いておくと分解が早いです。

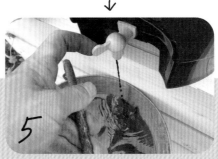

いっぱいになったら1か月ほど寝かせ、土のような状態になれば完成です。土と混ぜて肥料として利用します。3の途中で余分な水分が下に溜まり長く放置すると腐るので、都度取り出し、1000倍に水で薄め液肥として利用します。

回転式コンポスト

コンポストというと前頁（p160）の上の写真のような形が一般的で、積み上げていくだけなので使いやすいですが、狭いスペースだと設置も難しく、攪拌も骨が折れる作業です。回転式の場合、中に入れるために小さくする必要はありますが、見た目以上に入り、ハンドルをまわせば攪拌もできるので便利です。これには虫がわくため生ごみは入れられませんが、前頁でできた堆肥と混ぜて使うと非常に効果の高い肥料になります。

160Lタイプの2層式のもの。層ごとに時期を変えてつくれるため便利です。　→

雑草や芝刈りのごみ、枯れ枝などを入れます。太さ1cmくらいまでの枝なら、小さく切れば、ある程度は分解されます。

↓

気温が高いと早く分解されますが、進みが悪い場合は、米ぬかやコーヒー豆のカス、土などを入れると堆肥化が早まります。

土と米ぬかを入れ堆肥化を促進したため、色も茶色に変わり全体に腐葉土っぽくなっています。ぬかを入れると多少コバエが発生することもあります。

↓

さらに分解が進み、土に近い状態までなれば完成。そのままでも使えますが、前頁でできた堆肥を混ぜ、さらに1～2週間置くと、効果が高い堆肥になります。

落葉種

新緑や紅葉で四季を感じさせてくれる落葉種。
たくさんの種類の中から花や実、葉色など
特におすすめの品種や、扱いやすい品種を選んでいます。
常緑種にはない植物の楽しさを感じさせてくれるものも多く、
植物の魅力を再発見させられます。

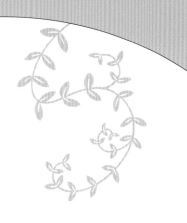

メインツリー
となるもの
中高木（2m以上）

玄関前や中庭など1本でシンボル的になるものや、
植栽帯の中でもいちばん大きな存在になるメインツリー。
最低でも1.8〜2.0m以上での維持が向く中高木を選んでいます。
広さやスペースに合わせてお気に入りを探してみましょう。

アメリカサイカチ サンバースト
Gleditsia triacanthos var. *inermis* 'Sunburst'

▶P12

科・属名　マメ科 サイカチ属
原産地　北アメリカ
草丈・樹高　5〜10m
日当たり　☀☁
耐寒性　❄❄❄

特徴・育て方のポイント

日本にも自生するサイカチの仲間。新芽の時期から初夏に
かけては葉が黄色く、徐々に黄緑色になる美しい改良品種。
開帳性があり、大きくなるので広いスペースが望ましい。
背景に緑が広がるような立地だと葉色が映える。日当たり
が良く、水はけの良い土壌を好み、病気はほとんどないが、
毛虫やコガネムシ(p205参照)の食害を受けることがある。
マメ科だが生長スピードもそれほど早くはない。日本原産
には大きな刺があるが本種には非常に小さいものしかなく、
枝も密になりにくいので剪定や管理はしやすい。目立たな
い房状の花が初夏に咲き、その後、莢ができる。フランス
では街路樹にもなっている。

ウメ　*Prunus mume*

▶P44

別名　ジャパニーズアプリコット
科・属名　バラ科 サクラ属
原産地　中国
草丈・樹高　2〜5m
日当たり　☀
耐寒性　❄❄❄
生活　fresh、eat & drink

特徴・育て方のポイント

日本の生活や文化に古くから密着し、親しまれている
落葉花木。大きくはなるが、剪定で大きさがコントロ
ールできるため、果実を収穫できる庭木として取り入
れられている。実を楽しむ南高や白加賀のような品種
は自家不結実性が強く、近所にウメの木がなければ
実がつきにくいので、開花時期が重なるコウメなどの
受粉樹を植えると良い。虫がつきやすいが、性質は丈
夫なので、多少は出るものと寛容に構えたい。カイガ
ラムシ(p204参照)は歯ブラシなどで落とし、新芽のア
ブラムシ(p205参照)は葉先ごと切除する。徒長枝には
花芽がつきにくいので、落葉期に枝を詰めると良い。

南高

165

ザクロ　*Punica granatum*

科・属名　ミソハギ科（ザクロ科）ザクロ属
原産地　地中海沿岸〜ヒマラヤ
草丈・樹高　2〜10m
日当たり　☀
耐寒性　❄❄❄
生活　fresh、eat & drink

特徴・育て方のポイント

もっとも古くから栽培が始まった果樹の一つで、3千年前にはすでに中東でザクロの果樹園が開かれていたと言われる。日本には、10〜11世紀に中国から伝わったとされている。日本で流通している品種はアメリカ系やスペイン系のものと比べ実は小さく、食用できる部分は少ないが、花はもちろん、実も華やかで楽しめ、1本でも実がなる。耐寒性、耐乾性ともにあり、環境への適応力も高く、水はけの良い土壌であれば栽培は容易。剪定は落葉期に行い、前年枝の枝先付近の数節に花芽がつくので、先は詰めずに込み入った枝を間引くように行う。実は割れてから収穫すると良い。

ジューンベリー　*Amelanchier canadensis*

▶P28、31、35、49

別名　アメリカザイフリボク
科・属名　バラ科 ザイフリボク属
原産地　北アメリカ
草丈・樹高　3〜6m
日当たり　☀☁
耐寒性　❄❄❄
生活　fresh、eat & drink

特徴・育て方のポイント

日本にも自生するザイフリボク（A. asiatica）の仲間。早春に白い花が咲き、6月に赤いかわいらしい実がなるのでジューンベリーと呼ばれる。半日程度の日照でも良く、実は黒く熟すと生食もでき、秋の紅葉も楽しめる魅力満載の落葉樹。根元からひこばえと呼ばれる枝が出て、株状になりやすい。生長が早いので、狭いスペースでは数年に一度太い幹を株元から切り、ひこばえを大きくして仕立て直しても良い。人は刺さないがモンクロシャチホコ（p205参照）の幼虫が9月頃に発生することがあり、下に落ちた糞で早めに気づいたときには枝ごとカットする。葉が食いつくされるといなくなり、翌年はまた芽が出るので、広がってしまった場合はそのままにしておく。

フレーム *C. coggygria* 'Flame'

スモークツリー *Cotinus coggygria*

フレーム／グリーンボール／
ゴールデンスピリット／グレース　▶P62

別名
ケムリノキ、ハグマノキ
科・属名
ウルシ科 ハグマノキ属
原産地　南ヨーロッパ、
ヒマラヤ、中国
草丈・樹高　2〜5m
日当たり ☀
耐寒性 ❄ ❄ ❄
生活　fresh、dry

特徴
切り花やドライフラワーとしても人気がある落葉低木。ワインレッドや灰緑などの美しい葉色と、初夏に咲く煙のような花穂が魅力。日本では梅雨以降うどん粉病になりやすいが、耐病性のあるグリーンボールやリトルルビー（*C. coggygria* 'Little Ruby'）などもある。フレームやグレースは、暴れやすく大きくなるので、狭いスペースの場合はヤングレディ（*C. coggygria* 'Yong Lady'）やリトルルビーなどの矮性種を選ぶと良い。環境が良ければ紅葉も美しい。

育て方のポイント
日当たりと風通しが良く、水はけの良い土壌が理想的で、矮性種であれば鉢植えでも管理できる。大型種は強く詰めると、勢いの良い枝が出て暴れてしまうので、スペースに合わせた品種選びを。矮性種は伸びすぎた枝を花後すぐにカットする程度で良い。うどん粉病（p204参照）にかかっても枯れることはないが、見映えが悪いのでその葉を取り除く。夏以降にはまたきれいな新芽が吹いてくる。

グレース *C. coggygria* 'Grace'

グリーンボール
C. coggygria 'Green ball'

ゴールデンスピリット
C. coggygria 'Golden spirit'

セイヨウブナ *Fagus sylvatica*

ダーウィックゴールド **F. sylvatica 'Dawyck gold'**

ダーウィックゴールド
▶P10

特徴・育て方のポイント

木材のビーチ(beech)として知られる有用な落葉広葉樹。品種も多く、紫葉のプルプレア系や黄葉のオーレア系、枝垂れ種のペンデュラ系、葉張りが出にくいファスティギアータ系などがある。基本種も新緑時は明るい黄緑色になり、落葉しても葉が枝に残り、赤褐色で美しいため、ヨーロッパでは生け垣樹として、公園や住宅などに多く利用されている。耐陰性もあるため水はけの良い土壌であれば、半日陰でも生育する。春に目立たない花が咲き、その後に実るかたい実は、皮をとり加熱すれば食用になる。目立った病虫害もなく丈夫だが、生育は遅い。

別名　ヨーロッパブナ
科・属名　ブナ科 ブナ属
原産地　ヨーロッパ全域
草丈・樹高　5〜20m
日当たり　☀️⛅️❄️
耐寒性　❄️❄️❄️
生活　fresh、dry、eat & drink

ニセアカシア フリーシア *Robinia pseudoacacia* 'Frisia'

▶P30

特徴・育て方のポイント

ハリエンジュ (*R. pseudoacacia*) の園芸品種で、ニセアカシアは学名に由来する。芽吹きの黄葉から徐々に明るい黄緑色に変わり、落葉するまで明るい葉色が維持できる希少な品種。葉も薄く、緑が濃くなる夏も涼しげな印象を与える。春にフジに似た白い花が咲くが、6〜7月以降枝を詰めてしまうと翌年見られないので、剪定のタイミングに注意する。強健で、生育が非常に早いので、広いスペースでの植栽が望ましいが、強剪定もできることから、年2回くらいの剪定で大きさをコントロールすることもできる。花は花穂ごと天ぷらにしたり、香りを生かしてお酒に漬けたりして利用できる。根萌芽という横に伸びた根の途中から幹を出して増える性質がある。鉢植えにも良い。

別名　黄金ニセアカシア
科・属名　マメ科 ハリエンジュ属
原産地　北アメリカ
草丈・樹高　7〜20m
日当たり　☀️⛅️
耐寒性　❄️❄️❄️
生活　eat & drink

ホソバニンジンボク
V. negundo var. *heterophylla*

ニンジンボク *Vitex negundo* var. *cannabifolia*

ホソバニンジンボク／セイヨウニンジンボク　▶P55

セイヨウニンジンボク
V. agnus-castus

科・属名
シソ科 ハマゴウ属
原産地　南ヨーロッパ、西アジア
草丈・樹高　3〜5m
日当たり ☀
耐寒性 ❄❄❄
生活　fresh

特徴

中国原産のニンジンボク、南欧州・西アジア原産のセイヨウニンジンボク、中国南部や台湾原産の変種ホソバニンジンボクなどいくつか種類があり、庭木には後者2種がおすすめ。セイヨウニンジンボクは、初夏から夏にかけて長さ15cmほどの穂状の紫、白、ピンクの大きく華やかな花が咲く。全株に良い香りがし、葉や実が精油の原料になる。ホソバニンジンボクは、細く切れ込みが深い葉が特徴で、株全体の線も華奢。花も細長く、葉の密度が粗いため、涼しげな印象になる。

育て方のポイント

セイヨウニンジンボクは樹勢が強く、葉張りも出るので、低木ながら2mくらいの幅は確保したい。ホソバもセイヨウも丈夫で目立った病虫害もなく、育てやすい。ホソバは樹勢が弱く、強い枝が出ずに大きさも小ぶりなので、狭いスペースに向いている。強剪定もできるので、小さく維持するなら落葉期に大きく詰める他、込み入った枝を抜く間引き剪定を行うと良い。土壌は選ばない。

ネグンドカエデ フラミンゴ *Acer negundo* 'Flamingo'

科・属名
ムクロジ科 カエデ属

原産地 北アメリカ

草丈・樹高 3～10m

日当たり ☀️☁️

耐寒性 ❄️❄️❄️

特徴・育て方のポイント

葉に白い覆輪の斑が入り、新芽はピンクがかるため、花が咲いている
ような華やかな姿を長期間楽しめる。丈夫で萌芽力も強いため、強剪
定で小さく管理することもできる。ヨーロッパでは、冬に幹の途中で切
るポラードや根元で切るコピシングという剪定方法で、葉を茂らせ、低
木のように仕立てることもある。斑が入らない枝が伸びてきた場合は、
幹部分から切除する。落葉期の枝ぶりは日本のカエデと比べると良く
ないが、大きな鉢でも管理できるので、ベランダなどでも活用できる。
春に緩効性肥料を施すと生育が良くなる。太くなるとカミキリムシ
（p205参照）が幹につくことがあるので、注意が必要。

ネムノキ *Albizia julibrissin*

特徴・育て方のポイント

科・属名 マメ科 ネムノキ属

原産地 日本（本州以南）、
イラン、南アジア

草丈・樹高 3～10m

日当たり ☀️

耐寒性 ❄️❄️❄️

日本にも自生する、暖地性の落葉高木。細かい葉
と開帳性の枝ぶりが全体的に柔らかい印象を与
え、6～8月の夕方にピンク色の刷毛のような花
が咲き華やか。夕方に葉が閉じて垂れ下がる就眠
運動を行うことから、ネムノキと呼ばれる。他の
マメ科と同じように、根に根粒菌が共生して窒素
を得るため、やせ地にも適応できる。落ち葉は土
を肥沃にし耐潮性もあるため、海岸沿いの緑化に
も使われる。樹皮は生薬として鎮痛などに利用さ
れている。生長は比較的早いが萌芽力が弱く、移
植や強剪定を嫌うので、放任して育てられる場所
が望ましい。葉色の美しい銅葉種もある。

ヒメリンゴ *Malus*

別名　クラブアップル
科・属名　バラ科 リンゴ属
原産地　小アジア、コーカサス
草丈・樹高　3〜8m
日当たり　☀
耐寒性　❄ ❄ ❄
生活　fresh、eat & drink

特徴・育て方のポイント

実が小さいリンゴを総称して、ヒメリンゴやクラブアップルなどと呼ばれ、観賞用のものと食用できるものがある。肥沃で水はけの良い土壌が理想。食用（加工）もできるゴージャス (*Malus × atrosanguinea* 'Gorgeous') のような1本でも実をつけるものと、観賞用のイヌリンゴ (*M. prunifolia*) や赤花種のレモイネ (*Malus × purpurea* 'Lemoinei') のような受粉樹が必要なものとあるが、どれも基本的には異品種を近くに植えたほうが良い。暖地では幹にシンクイムシやテッポウムシ（p205 参照。カミキリムシの幼虫）が入りやすいので、幹の定期的な観察が必要。病虫害は多少あるものと寛容に考えられれば、魅力的な花も実も楽しめる果樹。

ブッドレア *Buddleja davidii*

別名
フサフジウツギ、バタフライブッシュ
科・属名　ゴマノハグサ科 フジウツギ属
原産地　南北アメリカ、中国、南アフリカ
草丈・樹高　1〜3m
日当たり　☀
耐寒性　❄ ❄ ❄
生活　fresh

特徴・育て方のポイント

ブッドレアは世界に100種ほどあり、日本に流通している品種の多くがブッドレア ダビディー (*B. davidii*) の園芸品種。花期が長く、初夏から秋にかけて生長しながら枝先に花芽をつける。花色も白、ピンク、紫の他多数ある。ミツバチや蝶の蜜源となるためバタフライブッシュとも呼ばれる。目立った病虫害もなく強健で、日当たりと水はけの良い立地であれば旺盛に生育する。やや暴れるので、狭いスペースの場合は冬期に強剪定を行い株を小さくすると良い。別品種で花が丸く葉が白いシルバーアニバーサリー (*B. crispa × loricate* 'Silver Anniversary') はコンパクトに育つ。

プルヌス ベイリーズセレクト *Prunus virginiana* 'Baliey's Select'

別名　チョークチェリー
科・属名　バラ科 サクラ属
原産地　北アメリカ東部
草丈・樹高　3〜7m
日当たり　◐
耐寒性　❄ ❄ ❄
生活　fresh、eat & drink

特徴・育て方のポイント

新芽は緑色で、その後徐々に木全体が濃い銅葉に変わり非常に美しい。花は、春に葉が出てから咲くため、やや隠れてしまうが、ウワミズザクラ(*P. grayana*)の仲間なので、その特徴的な白い花が房状に垂れて咲き、サクラとは違う美しさがある。花後には房状に黒い実がなり、渋みは強いが加工用として食用になる。分類的には落葉低木だが、単木または株立ちで6〜7mくらいにはなる。同属のコロラータよりも丈夫で、旺盛に伸び葉張りもでるので、広いスペースの植栽が望ましい。葉が密になるので、枝を間引くような剪定を落葉期に行う。

ポポー *Asimina triloba*

別名　ポーポー
科・属名　バンレイシ科 アシミナ属
原産地　北アメリカ東部
草丈・樹高　3〜5m
日当たり　☀
耐寒性　❄ ❄ ❄
生活　eat & drink

特徴・育て方のポイント

傷みやすいため、あまり流通していない果実が魅力。5月頃、濃いえんじ色の花が咲き、その後つける実は落ちたものか、落ちる間際の完熟のものを収穫し、追熟して食べる。実は甘くクリーミーで、濃厚な香りがある。雌しべが成熟した後に、雄しべが熟し花粉が出るため、受粉しにくいと言われているが、1本でも実がなる。ただし、できても数が少ないので、異品種を近くに植えたほうが確実。弱酸性〜中性土壌で適度に湿り気があり、水はけの良い土壌を好む。目立った病虫害もなく、丈夫で育てやすい。生育はゆっくりで、剪定は伸びすぎた枝を詰める程度。

ムクゲ *Hibiscus syriacus*

大徳寺白／紅八重

別名　ハチス
科・属名
アオイ科 フヨウ属（ハイビスカス属）
原産地　中国、朝鮮半島
草丈・樹高　2〜4m
日当たり　☀
耐寒性　❄❄❄

大徳寺白

特徴・育て方のポイント

真夏に美しい大きな一日花を次々につける丈夫な落葉低木。日当たりさえ良ければ花付きも良く、生育期に生長した枝先に花芽をつけるので、花を楽しみたいときは、5月以降の剪定は控える。枝が直立性に伸び、萌芽力も強いので強剪定にも向き、刈り込みや太い幹の途中からカットし、上部に葉を茂らせるスタンダード仕立てなどもできる。春先の新芽にアブラムシ（p205参照）がつくが、それ以外は目立った病虫害もなく、乾燥にも強く丈夫で育てやすい。暑いさなか涼しげに咲く、大徳寺白や柴玉がおすすめ。

紅八重

カラスモクレン *M. liliiflora 'Nigra'*

モクレン *Magnolia liliiflora (M. quinquepeta)*

ハクモクレン *M. denudata*

カラスモクレン／ハクモクレン ▶P42

別名　マグノリア
科・属名　モクレン科 モクレン属
原産地　中国
草丈・樹高　3〜20m
日当たり　☀☁
耐寒性　❄❄❄
生活　fresh、eat & drink（p42）

特徴・育て方のポイント

モクレンはシモクレンとも呼ばれ、樹高3〜5mとモクレン属の中では小型。春に葉に先立って紫色の花が咲き、葉の展開後まで咲き続ける。この園芸品種のカラスモクレンは花色が黒紫でシック。どちらも開花時期は樹高15m以上になるハクモクレンより遅い。同じ大型種の花が黄色いキモクレン（*M. acuminata*）など品種も非常に多く、欧米ではマグノリアと呼ばれ春の花木として親しまれている。丈夫で目立った病虫害もなく、スペースに合わせて品種を選ぶようにすると良い。花はお茶としても利用できる。

ライラック *Syringa vulgaris*

▶P54

別名　リラ、ムラサキハシドイ
科・属名　モクセイ科 ハシドイ属
原産地　ヨーロッパ南東部、
　　　　コーカサス、バルカン半島
草丈・樹高　1.5〜6m
日当たり　☀☁
耐寒性　❄❄❄❄
生活　fresh

特徴・育て方のポイント

ヨーロッパではとてもポピュラーな花木。フランスではリラと呼ばれ、日本の桜のような春を告げる花として親しまれている。春から初夏にかけて香りのある白やピンク、紫の花を咲かせる。前年に伸びた枝先の両側（側芽）につくため、花は対になることが多い。水はけが良く、肥沃な土壌で、日当たりと風通しの良い場所が望ましい。高温多湿にはあまり強くないので、暖地では真夏に西日が照りつけるような場所は避けたい。剪定は枯れ枝や込み入った枝を取り除く程度。カミキリムシ（p205参照）が卵を産みつけ、枯死することがあるので、幹に穴が開いていないか定期的に注意する。

リキュウバイ *Exochorda racemosa*

別名　マルバヤナギザクラ、バイカシモツケ、
　　　　ウメザキウツギ、ウツギモドキ
科・属名　バラ科 ヤナギザクラ属
原産地　中国
草丈・樹高　3〜5m
日当たり　☀☁
耐寒性　❄❄❄❄
生活　fresh

特徴・育て方のポイント

春にウメに似た純白の花を咲かせ、新緑とのコントラストが非常に美しい。利休梅と書くがウメとはまったくの別種。暑さは苦手なので、真夏に西日が照りつけるような場所を避け、適度に湿り気のある水はけの良い土壌が理想的。病虫害としては、イラガ（p205参照）の幼虫による葉の食害や梅雨以降のうどん粉病（p204参照）があげられる程度で少ない。基本的には丈夫で育てやすく、低木だが庭ではメインになるサイズ感で扱いやすい。大きく暴れることはないので、絡むような枝を抜き、形を整える程度の剪定で維持できる。

ロシアンオリーブ *Elaeagnus angustifolia*

▶P61

別名　ヤナギバグミ、ホソバグミ
科・属名　グミ科 グミ属
原産地　地中海沿岸、西アジア
樹高　5〜7m
日当たり　☀☁
耐寒性　❄❄❄
生活　fresh、eat & drink

特徴

分類上は落葉小高木だが、一般的には半常緑扱いで、気温が下がらなければ葉が残る。シルバーの葉は、植栽帯ではひときわ目立ち、涼しげに感じる。日本には昭和初期頃に移入された。暑さ、寒さ双方に非常に強く、耐乾。耐潮性にも優れている。根に根粒菌が共生するため、やせ地や海岸沿いでも旺盛に生長する。6月に香りの良いクリーム色の花を咲かせ、その後食用できる赤い実がなる。

育て方のポイント

生長は非常に早く、暴れるので、支柱は欠かせない。庭植えでは年2回くらいの剪定は必要。ユーカリと同じように、強剪定もでき、枝を全て落とし、幹だけの棒状にしてもすぐにボリュームが出る。鉢植えのほうが管理はしやすく、主幹を立て、上部をボール状に刈り込む、スタンダード仕立てにもできる。鉢植えの場合は川砂などを混ぜ、水はけの良い用土に植えると良い。

ミドル＆スモール

低木・草本類・地被類（約2m以下）

大きく育てればメインツリーになるようなタイプも含まれますが、
主にメインツリーよりも小さく、植栽帯の骨格を担う低木類や
高さがあまり出ないグランドカバーのカテゴリーです。

アジサイ アナベル
H. arborescens 'Annabelle'

アジサイ *Hydrangea*

アジサイ アナベル ／ ピンクアナベル ／ カシワバアジサイ ハーモニー ／
カシワバアジサイ スノークイーン ／ カシワバアジサイ スノーフレーク ／
アジサイ クロヒメ ／ セイヨウアジサイ ／ フイリガクアジサイ ▶P13、14、16、23、35、49、57、62、64

ピンクアナベル *H. arborescens* 'NCHA 1'

セイヨウアジサイとアジサイ アナベル

科・属名
アジサイ科 アジサイ属
原産地
東アジア、北アメリカ
草丈・樹高 50cm〜1.8m
日当たり ☀☁☁
耐寒性 ❄❄❄
生活 fresh、dry

特徴

初夏から夏にかけて、見ごたえがある大きな花を長く楽しめる花木。自生種もあるため、日本の気候にも合い、全般的に丈夫で育てやすく品種も豊富。花色が変化し、夏以降も楽しめるセイヨウアジサイや花期が長い四季咲き性のタイプもある。ヤマアジサイ系は比較的コンパクトに育ち、ガクアジサイ系は1.5m以上になり生育も旺盛。カシワバアジサイ系は2m以上になるが、伸びが遅いため扱いやすい。アナベル系は剪定も気にせず行え、管理しやすい。いずれも腐植質の多い土壌を好み、乾燥に弱いので鉢植えの場合は水切れに注意する。

育て方のポイント

剪定は、アナベル系は春以降伸びた枝先に花芽がつくため、落葉期に行っても開花に影響はないが、それ以外のアジサイ類は開花が終わるころには、翌年の花芽ができはじめるので行わないほうが無難。株が大きくなりすぎた場合の剪定は7月中に行い、全ての枝を詰めてしまうと、翌年花が咲かなくなるので、花が咲いた枝のみ切り詰めるようにする。翌年は切らなかった枝を切り詰め、徐々に小さくすると良い。赤系花の発色を良くするには、苦土石灰などを施し、土壌をアルカリ性にする。青色系は逆の酸性寄りにする。

カシワバアジサイ ハーモニー
H. quercifolia 'Harmony'

カシワバアジサイ スノークイーン
H. quercifolia 'Snow queen'

セイヨウアジサイ

カシワバアジサイ スノーフレークと
アジサイ クロヒメ
H. querecifolia 'Snow flake'
H. serrata 'Kurohime'

フイリガクアジサイ
H. macrophylla f. variegata

セイヨウアジサイ *H. macrophylla*

アベリア シネンシス *Abelia chinensis* var. *ionandra*

▶P14、53

別名 タイワンツクバネウツギ
科・属名 スイカズラ科
ツクバネウツギ属（アベリア属）
原産地 中国、台湾、日本（奄美大島）
草丈・樹高 1.5〜2.5m
日当たり ☀⛅
耐寒性 ❄❄❄
生活 fresh、dry

特徴・育て方のポイント

夏から秋に芳香のある白い花をつける落葉低木。花後に淡いピンク色のガクが手毬状に残り、徐々に色が濃くなって花のように見え、長期間楽しめる。適度に湿り気のある水はけの良い土壌で、日向から半日陰の立地が望ましい。常緑性のアベリア（p96）同様、生育は旺盛で萌芽力も強く、枝が放射状に広がるため1.5m四方の幅は確保したい。目立った病虫害もなく丈夫なので、剪定は大きさを整える程度だが、株が乱れてきたら太い枝を根元から切り更新すると良い。花付きや葉色を良くするために年2回程度の緩効性肥料を施す。

エゴポディウム バリエガタ *Aegopodium podagraria* 'Variegatum'

▶P35

別名 フイリイワミツバ
科・属名
セリ科 イワミツバ属（エゴポディウム属）
原産地 ヨーロッパ、コーカサス、小アジア
草丈・樹高 30〜80cm
日当たり ⛅
耐寒性 ❄❄❄
生活 fresh、eat & drink

特徴・育て方のポイント

葉に覆輪状の斑が入り、群生させると非常に美しい耐寒性の宿根草。初夏に花茎を伸ばし、せりやニンジンの花に似た白い花が咲く。夏の強い日差しや乾燥で傷むので、半日陰の場所が望ましい。適度に湿った水はけの良い土壌を好み、条件が良いと根茎で旺盛に広がる。日陰を明るくするグランドカバーとして、シェードガーデンでの利用がおすすめ。目立った病虫害もなく、育てやすいが、密に茂らすためには年に1〜2回、緩効性肥料を施すと良い。花後の花茎をカットする程度で、剪定はほとんど必要ない。春先の新芽は生でも茹でても食べられる。

ハルシオン
Hosta × *tardiana* 'Halcyon'

ギボウシ *Hosta*

ハルシオン／ホワイトフェザー／マルバタマノカンザシ／
アビクアドリンキングガード／スジギボウシ　▶P14

別名　ホスタ
科・属名　キジカクシ科（クサスギカズラ科）
ギボウシ属（ホスタ属）
原産地　東アジア、日本
草丈・樹高　15cm～1.5m
日当たり　☁
耐寒性　❄❄❄
生活　fresh、eat & drink

ホワイトフェザー　*H.* 'White Feather'

アビクアドリンキングガード
H. 'Abiqua Drinking Gourd'

特徴

日本にも多数自生しており、欧米などでは非常に
人気がある宿根草。大きな葉と初夏から夏に咲く
花が魅力で、葉色や大きさなどの異なる園芸品種
も多数あり、シェードガーデンでは欠かせない存
在。中でも青みがかった葉色が美しく、コンパクト
に生育するハルシオンや非常に香りの良い白い大
型の花をつけるマルバタマノカンザシ、白い覆輪
の斑が美しいパトリオット（*H.* 'Patriot'）、ウルイと呼
ばれる新芽が食用になるオオバギボウシ（*H.*
sieboldiana）が特におすすめ。

育て方のポイント

肥沃で湿った水はけの良い土壌を好み、葉焼けす
るので夏の強い日が当たる場所は避ける。暑さ寒
さに強く、丈夫で病虫害も少ないが、品種によっ
てはカタツムリやナメクジの被害やウイルス性の
病気にかかることがあるので、発生した場合は切
除する。傷んだ葉を取り除く程度の手入れでほと
んど手がかからない。毎年芽が増え、株が大きく
なってくるので、増えすぎた場合は冬期に掘り上
げ、スコップなどでカットし、株分けすると良い。

マルバタマノカンザシ　*H. plantaginea*

スジギボウシ
H. undulata

オスマンダ レガリス *Osmunda regalis*

▶P11、13

別名　セイヨウゼンマイ
科・属名　ゼンマイ科 ゼンマイ属
原産地　北アメリカ
草丈・樹高　50cm～2m
日当たり　☁
耐寒性　❄❄❄

特徴・育て方のポイント

高さ1.5m以上になるゼンマイ (*O. japonica*) の仲間の落葉性大型シダ。ヨーロッパでは葉の造形美から庭園などに良く使われている。葉が美しく、秋に茶色い穂のような胞子嚢が立ち上がり、葉とのコントラストが際立ち目をひく。またゼンマイ同様の渦巻き状の新芽や紅葉も楽しめる。水を好むので、池などの水辺の植栽に向く。半日陰で、涼しく湿った土壌で、水分を切らさずに管理すればシェードガーデン以外でも活用できる。目立った病虫害はなく、手入れは秋に枯れた葉を取り除く程度。

コデマリ *Spiraea cantoniensis*

ピンクアイス

ピンクアイス
Spiraea × vanhouttei 'Pink ice'

科・属名　バラ科 シモツケ属
原産地　中国
草丈・樹高　1～2m
日当たり　☀☁
耐寒性　❄❄❄
生活　fresh

特徴・育て方のポイント

4～5月頃、枝垂れた枝に沿って手毬状の白い花をたくさんつける落葉低木。江戸時代以前から庭木として植えられ、生け花の花材としても親しまれてきた。葉の色はやや青みがかり、株から立ち上がった枝は上部で放射状に広がるので、柔らかい印象になる。性質は強健で、適度な湿り気のある水はけの良い土壌が理想的。剪定は枝先を詰めず、古くなった枝や小枝を下部から切り取って間引くようにすると、樹形が乱れない。冬期に緩効性の肥料や堆肥などを根まわりに鋤き込むと病気になりにくい。葉に白とピンクの斑が入るピンクアイスや黄葉種のゴールドファウンテン (*S. × vanhouttei* 'Gold Fountain')、八重花のヤエコデマリ (*S. cantoniensis* var. *plena*) などもある。

ベルサイユ *Ceanothus × delileanus* 'Gloire de Versailles'

セアノサス
Ceanothus × delileanus、*Ceanothus × pallidus*

ベルサイユ／ヘンリーデスフォッセ／
マリーサイモン ▶P35、61

科・属名
クロウメモドキ科 ソリチャ属
原産地
北アメリカ～中央アメリカ
草丈・樹高 1～2m
日当たり ☀
耐寒性 ❄❄❄
生活 fresh

特徴
セアノサスは常緑種（p111）もあるが、落葉性の低木もある。常緑系よりも育てやすく、花色もピンクや薄いブルーなどの品種がある。どれも合わせやすいやさしい色合いなので、植栽帯の高木と下草をつなぐ花木としても活用範囲は広い。生育は早めで、短命の傾向がある。

育て方のポイント
高温多湿が苦手なので風通しの良いところが理想だが、寒風が強く吹きつける場所は避けたい。日向で、ややアルカリから中性の水はけの良い土壌を好む。マリーサイモンなど、花後剪定を行うと秋に返り咲く品種もあるが、粒状の赤い実を楽しむ場合は花柄は残す。樹勢はそれほど強くないので、形を整える程度の剪定を花後に行う。

ヘンリーデスフォッセ
Ceanothus × delilianus
'Henri Desfosse'

マリーサイモン
Ceanothus × pallidus 'Marie Simon'

ブラックバロウ
Aquilegia vulgaris var. stellata 'Black Barlow'

セイヨウオダマキ *Aquilegia vulgaris*

ブラックバロウ

別名　アクイレギアブルガリス
科・属名　キンポウゲ科 オダマキ属
原産地　イギリス、北ヨーロッパ、シベリア
草丈・樹高　50〜80cm
日当たり　☀️⛅
耐寒性　❄️❄️❄️
生活　fresh

特徴・育て方のポイント

オダマキの種は日本にもミヤマオダマキ(A. flabellata var. pumila)など、いくつか自生しているが、本種はヨーロッパ原産。古くから品種改良が行われているため、花の色や形状も豊富。ニュアンスのある花色のものが多く、やや下向きに咲く姿も美しい。春から初夏にかけて開花するので、春を彩る宿根草として、乾燥しないような高木の下などに活用したい。肥沃で適度に湿り気がある水はけの良い土壌が理想的。数年経つと株が弱って枯れたり、花が咲かなくなったりするが、環境が合うとこぼれ種でも増える。梅雨時期にうどん粉病(p204参照)にかかることがある。

トサシモツケ *Spiraea nipponica* var. *tosaensis*

▶P61、63

科・属名　バラ科 シモツケ属
原産地　日本
草丈・樹高　1〜2m
日当たり　☀️⛅
耐寒性　❄️❄️❄️
生活　fresh

特徴・育て方のポイント

日本に自生するイワシモツケ(S. nipponica)の変種。春の芽吹き後、コデマリ(p181)に似た白い花を列状につけ、新緑とのコントラストが美しい。その後の葉色は、やや濃いため、植栽帯の背景や高木の下草として活用しやすい。コデマリのように枝が大きく枝垂れず、株元から黒灰色の枝が密に立ち上がるため、落葉期でもボリューム感をしっかりと維持できる。適度に湿った水はけの良い土壌を好み、日向はもちろん半日陰の立地でも生育する。目立った病虫害もなく、丈夫で育てやすい。

ノリウツギ *Hydrangea paniculata*

ライムライト ▶P12、62

ノリウツギ

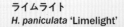
ライムライト
H. paniculata 'Limelight'

科・属名	アジサイ科 アジサイ属
原産地	日本（北海道から九州）、中国中部～南部
草丈・樹高	2～3m
日当たり	☀☁
耐寒性	❄❄❄
生活	fresh、dry

特徴・育て方のポイント

日本にも自生する落葉低木。名前は、幹の内皮の粘液が和紙の糊として使われていたことに由来する。アジサイ（p177）の仲間だが、花期は7～8月でアジサイと入れ替わりで咲く。高さがあるため、アジサイと併用すると長期間花を楽しめる。美しい花に品種改良されたものも多数出まわり、開花後、寒くなると白からピンクに色変わりするものや、そのままドライフラワーのような状態になるものも多い。腐植質に富んだやや湿り気のある水はけの良い土壌が理想的。乾燥しないように注意すれば、丈夫で花期も長いのでおすすめ。

バイカウツギ *Philadelphus satsumi*

イノセンス／スノーファンタジー ▶P13、64

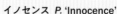
イノセンス *P.* 'Innocence'

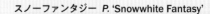
スノーファンタジー *P.* 'Snowwhite Fantasy'

科・属名	アジサイ科 バイカウツギ属
原産地	日本、アメリカ、メキシコ
草丈・樹高	2～3m
日当たり	☀☁
耐寒性	❄❄❄
生活	fresh

特徴・育て方のポイント

世界に30種類ほど分布し、日本では本州以南の山地に自生している。春にほんのり香る清楚な白い花をつける。同属の品種ものとして、花がやや大きなセイヨウバイカウツギ（*P. coronarius*）や葉に黄色い斑が入るイノセンス、八重咲き種のスノーファンタジーなどがある。日向を好み、肥沃な腐植質に富んだ保水性のある水はけの良い土壌が理想的。枝はやや暴れ気味に伸びるので、スペースは広めにとりたい。堆肥など緩効性の肥料を早春と花後に施す。春先の新芽にアブラムシ（p205参照）がつくことがあるので注意を。

ヒメウツギ *Deutzia gracilis*

▶P35、61

科・属名	アジサイ科 ウツギ属
原産地	日本(関東以西)
草丈・樹高	50㎝～1m
日当たり	☀️ ⛅ ☁️
耐寒性	❄️ ❄️ ❄️
生活	fresh

特徴・育て方のポイント

日本に自生するウツギの小型種。春に白くやや下を向いた花を房状に多数咲かせる。非常に強健で、大きくなっても1m程度。半日陰でもそれなりに花をつけるので、中高木の下で日陰になってしまうような場所には最適。肥沃で有機質に富んだ、適度に湿った水はけの良い土壌が理想だが、庭植えではそれほど気にせずとも生育する。特に目立った病虫害もなく、剪定も整える程度で管理できる。株が古くなってきた場合は冬に古枝を切るか、株元20㎝程度のところで全体的に刈り込んでも良い。その場合は翌年の花は見られない。

フォッサギラ マヨール *Fothergilla major*

ブルーシャドウ
F. major 'Blue Shadow'

ブルーシャドウ　▶P55

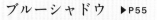

マヨール

別名	シロバナマンサク
科・属名	マンサク科
	シロバナマンサク属(フォッサギラ属)
原産地	北アメリカ東部
草丈・樹高	1～1.5m
日当たり	☀️ ☁️
耐寒性	❄️ ❄️ ❄️
生活	fresh

特徴・育て方のポイント

早春、葉が芽吹くのと同時にクリーム色のブラシ状の花が咲く。その後広がる白みを帯びた青に近い葉が非常に美しい落葉低木。一日中、日が照りつける場所よりは半日程度当たるくらいのところや、高木の陰になるような場所のほうが葉がきれいに保たれる。生長も緩やかで、樹形を乱さず育つため、剪定も形を整える程度でほとんど必要ない。目立った病虫害もないので、シェードガーデンでは非常におすすめ。腐植質に富んだ適度に湿った水はけの良い酸性土壌が理想なので、植え込み時に保水力を高めるよう腐葉土やピートモスなどを鋤き込むと良い。

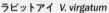

ラビットアイ　V. virgatum

ブルーベリー　*Vaccinium*

ラビットアイ　▶P35

科・属名	ツツジ科 スノキ属
原産地	北アメリカ
草丈・樹高	1〜3m
日当たり	☀ ⛅ ☁
耐寒性	❄ ❄ ❄ ❄
生活	fresh、eat & drink

特徴・育て方のポイント

花も実も楽しめて青みがかった葉色も魅力的で、庭木の中では非常におすすめの樹木。大きくハイブッシュ系(V. corymbosum)とラビットアイ系の2つに分かれ、前者はさらに、サザンハイブッシュ系とノーザンハイブッシュ系に分かれる。一般的にハイブッシュ系は実が大きく、味が良いと言われ、サザンは暖地に、ノーザンは寒冷地に向く。ラビットアイ系は暖地でも育てやすく、株も大きくなり、収穫も多いので初心者にはこちらがおすすめ。腐植質が多く、水はけの良い酸性土を好む。乾燥を嫌うので、植え込み時と追肥に酸性のピートモスや腐葉土などを鋤き込み、夏場の水切れに注意する。病虫害もなく、剪定も枯れ枝を取る程度で樹形を維持できる。

ヤグルマソウ　*Rodgersia podophylla*

別名	ロジャーシア
科・属名	ユキノシタ科 ヤグルマソウ属
原産地	東アジア、日本
草丈・樹高	50cm〜1m
日当たり	☀ ⛅
耐寒性	❄ ❄ ❄
生活	fresh

特徴・育て方のポイント

30〜40cmにもなる大きな葉が特徴の宿根草で、葉の造形の美しさからヨーロッパの庭園では非常に良く使われている。新芽は銅葉で徐々に緑になり、夏に花茎を伸ばし、房状の白やピンク色の花をつける。半日陰の肥沃な腐植質に富んだ湿った土壌を好み、根茎で広がるため狭いスペースには向かない。本来、湿地性の植物なので水辺が適しているが、水やりさえ気をつければ庭植えも可能。日差しが強いと葉焼けを起こす。葉が銅葉を維持するブロンズビューティー(R. podophylla 'Bronze beauty')や、中国原産の改良品種で小型銅葉種の赤い花が咲くブロンズピーコック(R. pinnata 'Bronze Peacock')などがある。

ユーパトリウム セレスチナム
Conoclinium coelestinum (Eupatorium coelestinum)

▶P14

チョコレート
E. rugosum (*Ageratina altissima*) '**Chocolate**'

別名 アオイロフジバカマ、
セイヨウフジバカマ

科・属名 キク科 コノクリニウム属

原産地 アメリカ南東部、メキシコ

草丈・樹高 50〜100cm

日当たり ☀☁

耐寒性 ❄❄❄

生活 fresh、dry

特徴・育て方のポイント

日本に自生するフジバカマ（E. japonicum）の仲間で、夏から秋にかけて白や紫色の花をつける宿根草。非常に丈夫で地下茎で広がり、日当たりが良いとこんもり茂るグランドカバーとなる。草丈が伸び、大きく広がるが日陰にも耐えるので、活用範囲は広い。生育旺盛で、広がりすぎる場合は間引きや株分けを行う。白花種はやや弱い。別種のユーパトリウム チョコレートは、春から初夏にかけての葉色が黒みを帯びた銅葉となり、非常に美しい。夏以降徐々に葉色が褪せるが、夏には白い花を咲かせる。どちらも目立った病虫害もなく、手入れとしては秋口に枯れた部分を株元で切り戻す程度でよい。

ユキヤナギ *Spiraea thunbergii*

▶P14、34

科・属名 バラ科 シモツケ属

原産地 中国、日本

草丈・樹高 1〜2m

日当たり ☀☁

耐寒性 ❄❄❄

生活 fresh

特徴・育て方のポイント

早春を白く彩る落葉低木。地下茎から吸枝（サッカー）と呼ばれる茎を地上部に出し、株状に広がる。花付きも良く、非常に強健で乾燥にも強いため、街路樹や公園などにも多く利用されている。枝は細く柔らかく、高く伸びた枝は放射状に枝垂れ、全体的に柔らかい印象になる。日向を好むが、半日程度の日差しでも十分に生育する。株が大きくなり風通しが悪くなると、カイガラムシ（p204参照）がつくことがあるが、病虫害は少ない。刈り込むこともできるが、枝がかたくなるので、込み入った枝や古枝を間引くような剪定を行うと良い。花がピンク色になるフジノピンキー（S. thunbergii 'Fujino Pinky'）もある。

ツル性

分類学的にはツル性でないものも含まれますが、
上部に伸び、壁や構造物に這わすことができるようなタイプや、
下垂したり壁に付着して広がるタイプのものを選んでいます。
建築物の印象や空間全体を和らげるような、
立体的な演出には欠かせない種類です。

クレマチス *Clematis* ▶P59

インテグリフォリア系 / カシス / ジャックマニー系 / シロマンエ /
モンタナ / モンタナ スノーフレーク / レクタ プルプレア / パテンス系

別名 テッセン
科・属名
キンポウゲ科 センニンソウ属
原産地 北半球の各地
草丈・樹高 1〜5m
日当たり ☀
耐寒性 ❄ ❄ ❄
生活 fresh

特徴

落葉種は品種が多く、いくつかの系統に分けられている。代表的なものとして、原種のカザグルマ(*C. patens*)を元にしたパテンス系は花が大きく見ごたえがあり、小さく扱えるので狭い場所や鉢植えにも向く。返り咲きもするジャックマニー系は花付きが良く、丈夫で育てやすい。モンタナ系は非常に大きくなるので広いスペースに向くが、暑さに弱く数年で突然枯れてしまうことも。小〜中輪のビチセラ系は、暑さにも強く、強健。レクタやインテグリフォリア系の一部などは、木立性になる。

育て方のポイント

花のつき方によって前年に伸びた枝に花が咲く「旧枝咲」と、今年伸びた枝に花が咲く「新枝咲」、その中間の「新旧枝咲」に分けられる。生育期の剪定は、どれも花後すぐに全体の半分くらいをカットすると2番花をつけやすくなる。モンタナ系などの旧枝咲は、株の負担を減らすことができる。落葉時は、旧枝咲と新旧枝は完全に枯れた枝をカットする程度で、新枝咲は株の根元からカットする。冬期と花後に緩効性の有機肥料などを施し、健全に育てることで、花付きや耐病性も増す。

ジャックマニー系
Clematis × jackmanii

インテグリフォリア系 *C. integrifolia*

カシス
C. florida 'Cassis'

シロマンエ
C. florida 'Alba plena'

モンタナ　*C. montana*

モンタナ スノーフレーク　*C. montana* 'Snowflake'

パテンス系　*C. patens*

レクタ プルプレア　*C. recta* 'Purpurea'

イワガラミ ムーンライト *Hydrangea hydrangeoides* 'Moonlight'

▶P35

科・属名	アジサイ科 イワガラミ属
原産地	日本
草丈・樹高・長さ	3〜10m
日当たり	☀ ⛅ ☁
耐寒性	❄ ❄ ❄

特徴・育て方のポイント

シルバー色を帯び、葉脈が模様になったハート形の葉が非常に美しい。初夏から夏にガクアジサイ(p177)のような大きな白い花をつける。茎から気根を出し、構造物や樹木に付着し上っていく。幹の直径は5〜8cmほどに太くなり、広い擁壁のような壁に這わすのに向く。似た伸び方をするツルアジサイ (H. petiolaris) よりも暑さに強く、暖地でも育てられる。日向はもちろん、花付きは悪くなるが日陰にも強く、しっかり根付くと旺盛に生育する。腐植質の多いやや湿った水はけの良い土壌を好む。目立った病虫害もなく、剪定は伸びすぎた枝をカットする程度。

トケイソウ *Passiflora caerulea*

アメジスト ／ カエルレア ▶P17

カエルレア *P. caerulea*

アメジスト *P.* 'Amethyst'

科・属名	トケイソウ科 トケイソウ属 (パッシフロラ属)
原産地	熱帯アメリカ、アジア、オーストラリア
草丈・樹高	5〜10m
日当たり	☀ ⛅
耐寒性	❄ ❄ ❄ (品種により❄❄)
生活	fresh

特徴・育て方のポイント

時計の文字盤のような花の形から名づけられた。パッションフルーツ (P. edulis) と混同されるが、トケイソウと呼ばれるのはカエルレア種で、英国ではブルーパッションフラワーと呼ばれる。円形の毛のような副花冠が青く、独特の造形が魅力。花期は長く、初夏から秋頃まで断続的に咲く。非常に生育旺盛で、地下茎から芽を出して広がる。巻きひげで支持物に巻きつき暴れるので、定期的な剪定が必要。分類は常緑性だが、関東以南でも冬期は葉を落とすことが多く、アメジストは−5〜8度、カエルレアは−10度前後の耐寒性がある。湿り気のある水はけの良い土壌で、日向を好む。

ハニーサックル *Lonicera japonica*

▶P32

別名　スイカズラ、ニンドウ
科・属名　スイカズラ科 スイカズラ属（ロニセラ属）
原産地　日本、中国
草丈・樹高　5～10m
日当たり　☀ ☁
耐寒性　❄ ❄ ❄
生活　fresh

特徴・育て方のポイント

日本に自生するスイカズラ属の仲間で、咲きはじめは白く、徐々に黄色に変わる花が初夏に咲く。花の香りが強く、満開時には遠くからでも爽やかな、やさしい芳香を感じる。流通しているものはヨーロッパで改良された園芸品種が多く、花が大きなものや赤みを帯びるものもある。非常に生育が旺盛なので、広いスペースでの使用に向き、定期的な剪定が必要。暖地では、葉がある程度残る半常緑なので、別名は忍冬と呼ばれるが、冬は葉が汚くなってしまう。繁殖力の強さから、アイルランドなど一部の地域では侵略的外来種となっている。

ブドウ　*Vitis vinifera*（ヨーロッパブドウ）、*V.labrusca*（アメリカブドウ）

デラウェア／巨峰　▶P20、27、29、31、34、48、62

デラウェア　　　　　巨峰

科・属名　ブドウ科 ブドウ属
原産地　小アジア、
　　　　ヨーロッパ、北アメリカ
草丈・樹高　3m以上
日当たり　☀
耐寒性　❄ ❄ ❄
生活　eat & drink

特徴・育て方のポイント

ブドウの起源は古く、紀元前4000年以上前の小アジアの一つの野生種（*Vitis vinifera*）から始まったと言われる。その後世界中に広まり、現在はヨーロッパや北アメリカ原産の改良品種が占めている。家庭用ではデラウェアやキャンベル アーリー（*V. labrusca* 'Campbell Early'）などが病気に強く、育てやすい。生育が旺盛なので、狭いスペースで管理する場合は、摘心を兼ねた剪定をこまめに行う必要がある。実がつきすぎてしまうと、味が悪くなるので、粒が大きい品種なら一粒に葉が一枚を目安に考え、摘房や摘果を行うと良い。日当たりや水はけの良い保水力のある土壌が理想。虫や病気はつきものだが、基本的には丈夫なので寛容に構えたい。

バラ *Rosa*

ツルアイスバーグ／グラウカ／モッコウバラ／ピエールドロンサール／
アルバセミプレナ／アルバマキシマ／ザジェネラスガーデナー

▶P13、16、35

科・属名 バラ科 バラ属
原産地 アジア、ヨーロッパ、中近東、
北アメリカ、アフリカの一部
草丈・樹高 種類によって異なる
日当たり ☀ ☁
耐寒性 ❄ ❄ ❄
生活 fresh、dry、eat & drink

特徴

紀元前にはすでにペルシア人によって香料や薬用に使われるバラが栽培されていたと言われる。品種によって花や香りはさまざま。ツルタイプは、壁面や構造物を利用することで、緑のボリューム感を演出できるため、葉色やツルの太さ、扱いやすさ、耐陰性なども考慮して選びたい。また、病虫害は多いが、品種により大きく異なるので、耐病性が強く、性質が丈夫なものを選ぶようにし、多少被害は出るものと寛容に構えたい。

育て方のポイント

日向を好み、腐植質に富んだ肥沃な水はけの良い土壌が理想的。多肥を好むため、しっかりした開花を促すなら、冬と花後の年に2回は緩効性肥料を施す。剪定方法はいろいろとあるが、ツルタイプはあまり難しく考えず、花後に伸びすぎた枝をばっさりカットし、秋から冬は夏以降に伸びた枝を誘引しつつ、枯れ枝や絡んでいる枝などを整理する程度で十分楽しめる。

ツルアイスバーグ
R. 'Climing Iceberg'
ツルタイプは5〜6月の一季咲きで、生育は旺盛。ツルは5m以上伸びる。壁やフェンスなど比較的大きな構造物に這わせると良い。ブッシュタイプは高さ1.5m前後で花付きが良く、四季咲き性で初夏から秋まで断続的に咲く。どちらもほんのりとした芳香がある。

グラウカ
R. glauca (Rubrifolia)

純粋なツルではないが、支持物があ
ると2〜3mに伸びる。葉は青みがか
った灰緑色で、一重のピンクのバラ
の後につける実もたいへん美しい。

モッコウバラ
R. banksiae

刺もなく半常緑で暖地では
葉が残り、病虫害もほとん
どない。ツルは5〜10mと
伸び、生育が非常に旺盛な
ので、広いスペースで活用
したい。他のバラより早く
4〜5月に開花する花は黄、
白色とあり、芳香もある。

アルバセミプレナ *R.* 'Alba Semi-plena'
ツルは3〜4mほど伸び、一季咲き。青みを帯びた葉と白い花弁のコントラストが美しく、病気にも強い。実であるローズヒップも大きく、お茶やジャムなどにも活用できる。

ピエールドロンサール
R. 'Pierre de Ronsard'
4〜5mほどに伸びる豪華なカップ咲きの一季咲き種。広いスペースの壁面などに向き、花は大きいが花茎が短いため、顔が揃うように開花する。花はほのかに香り、刺も少なく丈夫で生育も旺盛。

ザジェネラスガーデナー *R.* 'The Generous Gardener'
強い香りのピンクの房状カップ咲き種。初夏に咲き、株が充実すると秋にも開花する。ツルは2〜3mになり、シュートも太いので、広いスペースで活用したい。丈夫で病気にも強い。

アルバマキシマ *R.* 'Alba Maxima'
中心が淡いピンクの中輪八重咲きで、ツルは3〜4mに伸びる。生育は旺盛だが、枝が細いため扱いやすく、狭いスペースでも誘引しやすい。5〜6月に咲く一季咲きの花は香りが強めで、病気にも強い。

ブラックベリー *Rubus fruticosus*

ボイセンベリー　▶P30

別名　セイヨウヤブイチゴ
科・属名　バラ科 キイチゴ属
原産地　ヨーロッパ、北アメリカ
草丈・樹高・長さ　3〜8m
日当たり　☀
耐寒性　❄ ❄ ❄
生活　eat & drink

特徴・育て方のポイント

春に白やピンクのウメに似た花が咲き、その後黒い実を
つける。ツルは非常に長く伸びるので、日当たりの良い
誘引スペースがあれば狭い環境でもたくさんの収穫を
得られ、生食や加工用として手軽に実を楽しめる。生育
が旺盛で、強いシュートが出るため、しっかりした誘引
が必要。ラズベリー (*R. idaeus*) よりも暑さに強い。風通し
が悪いと、うどん粉病 (p204参照) や夏場にハダニがつく
ことがある。腐植分の多い水はけの良い土壌を好む。実
がなった枝は夏以降枯れるのでカットし、株元や太い茎
の途中などから出てくるシュートを誘引して翌年の収
穫に備える。収穫株は10年くらいと言われている。

ボイセンベリー
R. idaeus × *R. ursinus*

ヘンリーヅタ *Parthenocissus henryana*

▶P64

特徴・育て方のポイント

巻きヅルの先端に吸盤ができ、壁や支持物など
に付着しながら広がる。葉の主脈に沿ってでき
る銀白色の模様が非常に美しい。花は目立たな
いが、秋に青い実を楽しめ、日当たりが良い環
境だと紅葉もすばらしい。同じ仲間のナツヅタ
(*P. tricuspidata*) は、はびこりすぎて手に負えなくな
りがちだが、本種は生育は旺盛なものの、茎か
ら気根が出るわけではないので、コントロール
しやすい。土壌を選ばず、目立った病虫害もな
く丈夫で育てやすい。意図したような誘引は難
しいが、生育は早く、壁などには容易に広がる
ので、立体的な緑の演出には非常に有効。

科・属名　ブドウ科 ツタ属
原産地　中国
草丈・樹高・長さ　8〜12m
日当たり　☀ ☁ ☁
耐寒性　❄ ❄ ❄
生活　fresh

索引

どのような立地でも、その環境に適した植物を選べば無理なく育てることができます。ここでは、さまざまな条件下に適しているものや耐性があるもの、また生活の中での活用方法によっても選べるようになっています。

特徴索引

日陰・半日陰に耐性がある、または適した植物

日差しが強い場所だと傷んでしまうような、もともと日陰や半日陰を好む種類はもちろん、
花付きは悪くなることもありますが、一定の暗さには耐えられる種類を選んでいます。

耐潮性がある植物

野菜の塩もみと同じように、植物は葉に塩分がつくと、触れた部分の水分が外に出てしまい、傷んだり枯れたりします。
ここでは海岸沿いなど潮風が当たる場所での栽培に適しているものや潮にある程度の耐性がある種類を選んでいます。

耐乾性がある植物

植物に欠かすことができない水ですが、蒸散を抑制したり、自身に貯水する機能がある植物や、もともと少ない水分で生育できる植物などもあります。ここでは、雨だけでも十分生育するものや水やりが少なくてもすむ種類を選んでいます。

切り花・枝として楽しめる植物

手塩にかけた花木を室内で飾ることも、植物を育てるの楽しみの一つと言えます。
ここでは、生花店でも販売しているような種類はもちろん、生けやすいものや飾りやすい種類を選んでいます。

ドライフラワーとして楽しめる植物

旬を切りとる切り花も良いですが、長期間にわたって楽しめるのがドライフラワーの良いところです。
乾燥がうまく行えれば、基本的にはどんな種類もドライになりますが、ここでは比較的つくりやすいものを選んでいます。

手間がかからない植物

植物を維持するにはメンテンナンスは不可欠ですが、その必要頻度は種類によって大きく変わります。ここでは、強健種や適した条件下であれば目立った病虫害がなく、丈夫で生育が緩やかな種類、育っても暴れずに比較的まとまって伸びていくような種類を選んでいます。

香りを楽しめる植物

視覚より先に嗅覚で季節を感じることもあり、香りは植物の大きな魅力の一つです。ここでは、葉や花に芳香があるもの、葉や枝をこすったり、たたいたりすることで香りが出るものなど、香りでも楽しませてくれる植物を選んでいます。

飲食を楽しめる植物

観賞価値とともに花や実が食べられるといった付加価値が得られる植物はとても貴重です。
ここでは、食用の実がなる種類はもちろん、花や葉がお茶として楽しめたり、料理の香りづけになるものなどを選んでいます。

鉢植えでも楽しめる、または適している植物

適した器と土壌を使って最適な環境に置けば、どんな種類でも鉢植え栽培は行えますが、生育が抑制されるため、ここでは鉢植えのほうが管理しやすいものや実付きが良いもの、また比較的根詰まりに強いものを選んでいます。

気をつけたい病虫害

植物を育てる上で、最適な土壌や日照条件下で健康に育てることが、病虫害を少なくするためにはいちばん大切ですが、出てしまった場合は、どのような被害をもたらすかを知り、早めに適切な対処を行いましょう。

病気

うどん粉病

胞子で運ばれ、葉や枝、花首に寄生する菌類。風通しの悪い場所で、涼しく湿度が低い時期に発生する。スモークツリーやバラなどにつきやすい。初期の段階なら1/50以上の濃度で酢を希釈し噴霧しても効果が高いが、広がった場合は市販の薬剤を使用する。

サビ病

菌類でブドウやヒメリンゴ、バラやアジサイ、アガベや芝生などにも発生することがある。病斑が出ている部分を切除して菌類が広がらないようにする。また、市販の薬剤の散布や家庭用の重曹を1/1000の濃度で散布するのも効果がある。

黒点病（黒星病）

バラやウメ、リンゴなどのバラ科の果樹につきやすい。広がると葉が落ち、花が減り、樹勢が弱る。カビの一種（糸状菌）なので、病斑が出ているものは切除し、落ち葉も含め撤去する。前年にかかったものは芽吹き後から2週間ごとに市販の薬剤を散布すると良い。

害虫

カイガラムシ

風通しの悪いところや木の生育が悪いとつきやすくなる。カイガラムシの排泄物から黒いスス病を併発することも多い。発見したら歯ブラシなどでこすり落とすか、枝ごと切除する。

ローリエについたルビーロウカイガラムシ。

フサアカシアについたワタフキカイガラムシ。

風通しの悪い場所ではアガベにも発生する。

スズメガ

体長7〜10センチ程の大型の蛾で、初夏から夏ごろに発生する。地面に落ちている大きな黒い糞で気づくことが多い。樹種によりスズメガの種類も決まる。樹木1本につく個体は少ないので、見つけたら捕殺する。

オリーブを食害するシモフリスズメの幼虫と成虫。

アブラムシ

春～初夏、秋に発生する吸汁性害虫で、生育も悪くなり、スス病やモザイク病など他のウイルス病を媒介させる。手でつぶしたり、枝ごと切除するか市販の薬剤で処置する。

ムクゲの新芽に群棲したアブラムシ。

ニセアカシアの柔らかい茎に群棲。

オリーブゾウムシ

日本固有のオリーブにつく甲虫。成虫は樹皮から食害し、幹に産卵する。幼虫は幹を食い荒らし枯死に至らす。幹から木屑が出ている場合は、幼虫を掻きだし、薬剤を噴霧。

体長1cmほどの幼虫。

 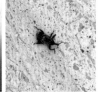

成虫と、出て行った穴があるオリーブの幹。

カミキリムシ

ライラックやカエデなどの幹に卵を産み、幼虫（通称テッポウムシ）が幹を食い荒らし枯死に至らす。株元付近の幹から木屑が出ていたら、市販の専用スプレーで殺虫する。

ノズルの先が分かれ穴の中で薬剤が広がる。

サナギになったカミキリムシ

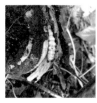

体長4cmほどの幼虫と食害で出る木屑。

モンクロシャチホコ

ジューンベリーやサクラなどにつく蛾の幼虫の毛虫。人への毒性はないが樹木全体の葉を食い荒らす。夏に孵化するので、夏から秋にかけて葉を観察し、発見したら捕殺する。（p166参照）

5cmほどの幼虫。この後地中にもぐり越冬する。

コガネムシ

成虫は葉を食害し、幼虫は根を食害する。特にユーカリやオリーブなどの鉢植えに繁殖すると、根を喰いつくされ枯死させられるので、成虫を見つけたら注意が必要。

成虫に食われたブドウの葉。

コガネムシの一種の
アオドウガネ

イラガ

雑食性の葉を食害する蛾の幼虫で、刺に触れると強い刺激とその後ピリピリとした痛みを伴う。目立つため捕殺が有効。冬に幹にまゆをつくるので、それを潰し防除する。

体長2～3cmの幼虫とまゆの抜け殻。

あいうえお索引

文・写真

松田行弘　Yukihiro Matsuda

1970年生まれ。東京都出身。ガーデナー、有限会社ブロカント 代表取締役。学生時代より植物に興味を持つ。渡英後、造園会社を経て独立。2003年、東京自由が丘に庭のプランニングとアンティーク家具や雑貨を扱う「BROCANTE（ブロカント）」をOPEN。2019年、同店舗2階に庭や外構の相談窓口と植物や庭に関連したモノやコトを提案する「Seeding（シーディング）」をOPENし現在に至る。著書に「庭と暮らせば」「緑と暮らせば」「フランスの庭、緑、暮らし」すべてグラフィック社刊、「バルバス・プランツ—球根植物の愉しみ—」パイ インターナショナル社刊がある。

BROCANTE
東京都目黒区自由が丘3-7-7 1F
TEL 03-3725-5584
https://brocante-jp.biz

Seeding
東京都目黒区自由が丘3-7-7 2F
TEL 03-5726-8555
https://seeding.tokyo

STAFF

撮影
松田行弘、BROCANTEのスタッフ

デザイン
廣田 萌、游 瑀萱（文京図案室）

企画編集
朝日新聞出版 生活・文化編集部（森 香織）

構成・編集協力
東村直美、岡田稔子（やなか事務所）

撮影協力
庭を施工したお宅のみなさん

special thanks
BROCANTEのスタッフ、
工事を手伝ってくれる協力業者さんや材料屋さんのみなさん

参考文献
園芸植物大事典（小学館）、
季節に寄り添う韓国茶（グラフィック社）

参考サイト
https://www.rhs.org.uk
http://ylist.info
https://mikawanoyasou.org

暮らしに寄りそう庭づくり
新しい植物図鑑

著者
松田行弘

発行者
片桐圭子

発行所
朝日新聞出版
〒104-8011 東京都中央区築地5-3-2
（お問い合わせ）infojitsuyo@asahi.com

印刷所
図書印刷株式会社